PRÉCIS DE GRAMMAIRE FONCTIONNELLE DU FRANÇAIS

Conception de couverture : Noémi Adda
Conception graphique intérieure : Agence Media

ISBN 209 190555-0

JACQUES POPIN

Professeur à l'Université de Paris XII

PRÉCIS DE GRAMMAIRE FONCTIONNELLE DU FRANÇAIS

ouvrage publié sous la direction de
Claude Thomasset

NATHAN

SOMMAIRE

INTRODUCTION

Longtemps la grammaire s'est voulue prescriptive, c'est-à-dire capable de donner les règles du bien-parler et surtout du bien-écrire, notamment en proposant une norme fondée sur des critères socioculturels. On pense aujourd'hui que son rôle est plutôt descriptif et qu'elle doit avant tout donner les lois cohérentes de son fonctionnement organique. Cette double finalité la voue nécessairement à adopter une démarche systématique, au sens où il lui faut rendre compte d'un système dans son entier.

Il serait cependant vain de concevoir la langue comme un code simpliste fait de corrélations bi-univoques entre des formes et des fonctions et dans lequel chaque forme assumerait une fonction et une seule, tandis que, réciproquement, chaque fonction ne serait portée que par une seule et même forme. Il relève de l'observation la plus courante qu'une même forme assume plusieurs fonctions, comme une même fonction peut être exercée par plusieurs formes différentes. Il en résulte évidemment que la grammaire ne peut jamais être exhaustive, c'est-à-dire capable de donner d'emblée le mode de fonctionnement de toutes les variantes et de toutes les combinaisons que l'usage parlé, écrit, littéraire, stylistique ou déviant est capable de créer ; si bien que l'étude linguistique reste sans cesse à conquérir ou à faire et refaire. Une grammaire ne peut jamais être que la description d'une série de procédures plausibles à mettre en œuvre et à confronter, par l'analyse, à la réalité.

C'est également pourquoi la présente grammaire n'a de sens qu'avec le volume d'*Exercices et compléments* qui lui donne son âme, en invitant à la pratique analytique qu'il guide.

Si donc la grammaire n'a pour tâche que de donner les règles de la conduite analytique à tenir devant tout énoncé, on comprend que deux voies s'offrent pour le faire : soit que l'on aille des formes vers les fonctions, soit que l'on effectue le trajet inverse. La première voie a été celle de la grammaire traditionnelle qui était conçue comme une morphologie (les formes) suivie d'une syntaxe (les fonctions). On a choisi ici le second moyen, qui fait de la grammaire une morphosyntaxe, c'est-à-dire un réseau de relations complexes entre les fonctions et les formes qui en sont porteuses.

En résumé, on trouvera ici une grammaire descriptive, systématique et fonctionnelle du français moderne, celui qui est en usage depuis deux siècles. Les exemples et les exercices se serviront sans scrupules de la langue des textes littéraires aussi bien que de la langue courante.

LA PROPOSITION

Si le premier objectif de la langue est de permettre la communication entre les personnes, la grammaire ne peut cependant commencer à prendre en compte sa description qu'à partir d'un minimum d'organisation. Les formes antérieures à ce stade sont tenues pour prégrammaticales et incomplètes. Telles sont les simples nominations, inséparables d'une forte charge affective :

Oh! ce tableau!
Quelle merveille!

Simples "cris" isolés, ils constituent un **monorème**, ce qui postule que le stade grammatical ne commence qu'avec le **dirème**, qui, lui, associe deux éléments comme dans :

Quelle merveille, ce tableau!
ou *Ce tableau, quelle merveille!*

Encore ne s'agit-il dans ces deux cas que de la simple juxtaposition de deux éléments : on dit qu'il y a **dirème segmenté**.

Des deux éléments ainsi associés, l'un nomme l'objet dont on veut parler, c'est le **thème** (*ce tableau*), l'autre fournit sur le thème des informations ou un jugement : c'est le **prédicat** (*quelle merveille*). La logique de la proposition fait donc apparaître ses deux éléments constitutifs indispensables : le thème (ce dont on parle) et le prédicat (ce que l'on dit à propos du thème), unis par une relation de solidarité (chacun est indispensable à l'autre).

Le stade de la véritable organisation grammaticale est atteint avec le **dirème lié**, où la jonction des deux éléments est assurée par une **copule** :

Ce tableau est une merveille.

Le monorème et le dirème segmenté ou propositions incomplètes correspondent à peu près à ce que la grammaire nomme traditionnellement une phrase nominale, ce qui attire notre attention sur le statut du verbe dans la proposition. Si l'on se souvient notamment que l'on définit le nombre de propositions d'un énoncé en dénombrant les formes verbales conjuguées qu'il contient, on s'aperçoit de l'importance du rapport entre le verbe et la proposition.

1. Verbe et prédicat

Un autre exemple de proposition simple comme *Les enfants jouent* fait apparaître à côté du thème (*Les enfants*) le prédicat *jouent* : le verbe cumule alors ici le rôle de copule et celui de prédicat ; les anciens grammairiens disaient que *jouent* peut être remplacé par *sont jouant*, c'est-à-dire une copule et une sorte d'adjectif. Le verbe exerce donc un rôle capital dans le fonctionnement de la proposition.

C'est pourquoi la pratique de notre analyse des propositions est réglée sur l'analyse du verbe dans la détermination des fonctions essentielles au sein de la proposition où l'on constate que le thème est ce qui assume le plus souvent la fonction dite **sujet.** Quant au verbe et à son rôle prédicatif, il est amené à l'exercer de deux façons radicalement contrastées qui sont prévues dès le lexique, sur le plan sémantique, et avant toute utilisation :

– soit que le verbe suffise à lui seul à épuiser le prédicat et constitue une unité sémantique autonome et complète ; on parle alors de verbe **subjectif**, pour lequel l'expression du sujet grammatical est suffisante, comme dans *Il vit ; il souffre ; il meurt ;*

– soit que le verbe n'ait ni autonomie ni suffisance sémantique et doive nécessairement être suivi d'un complément, dit **complément d'objet** ; le verbe est alors un verbe **objectif**, comme *Il savoure... Il remarque... Il s'empare (de)...* Le complément est évidemment un complément essentiel, mais tous les verbes objectifs ne se comportent pas de la même manière : certains admettent en effet d'être employés sans complément (on dit “absolument”) comme *Il regarde ; il boit.* Cette opération, on le voit, ne va pas sans quelques modifications sémantiques.

2. Complément d'objet

Le complément essentiel capable de devenir sujet à la voix passive est le complément d'objet direct : il confère au verbe objectif qui le commande le statut de verbe transitif direct.

À côté de lui, on trouve des compléments de même importance mais construits indirectement (c'est-à-dire au moyen d'une préposition vide comme *à* ou *de*) que l'on nomme **compléments d'objet indirects.** Ces compléments ne permettent pas la transformation passive. Le verbe est alors dit **transitif indirect.**

> Ce que l'on nomme complément d'objet, qu'il soit direct ou indirect, recouvre un fait de sémantique : il s'agit du complément prévisible au niveau du lexique. Du point de vue opératoire de la grammaire, seul le complément d'objet direct est important, car il entre dans la transformation de la voix passive où il occupe la position de sujet. Restent alors les compléments indirects qui sont de trois ordres :
> – le complément d'objet indirect, prévisible sémantiquement, mais qui ne permet pas la transformation passive ;
> – les compléments circonstanciels ;
> – le complément dit d'attribution, qui désigne souvent un troisième actant, participant au procès marqué par le verbe à côté de l'agent et du patient.

Les fonctions essentielles dans la phrase sont donc d'une part la fonction sujet et de l'autre, avec certains verbes, un nécessaire complément, qui sera dit "d'objet direct" parce qu' il permet la transformation passive.

3. Les formes non personnelles

On conçoit qu'un problème se pose avec l'emploi des formes de l'infinitif et du participe, puisque, contrairement aux autres formes verbales, elles ne comportent pas cet élément indispensable qu'est le sujet. Aussi leur capacité à servir de noyau fondateur d'une proposition a-t-elle dû être sévèrement et conventionnellement réglementée.

Remarque : L'impératif n'est pas à mettre sur le même plan que les formes non personnelles du verbe ; il est bien une forme personnelle : la personne y est marquée non par un pronom de conjugaison mais par la seule désinence. Toute forme verbale est faite du radical auquel s'ajoute une désinence : *Nous sortons = sort* (radical) *-ons* (désinence de la 1re personne du pluriel). L'impératif *sortons* est caractérisé par l'absence de pronom de conjugaison et se distingue par là de *Nous sortons*.

3.1 L'infinitif

Pour l'infinitif, il ne subsiste que trois cas où il doit être décrit comme noyau de proposition :

– lorsqu'il est la seule forme verbale d'une proposition indépendante.

– lorsque dans une proposition subordonnée interrogative indirecte, le verbe est à l'infinitif, il ne gêne en rien le fonctionnement de la subordination qui reste le même qu'avec une forme personnelle :

Il se demande à qui s'adresser = Il se demande à qui il va s'adresser.

– lorsque, après un verbe de perception, on rencontre deux compléments d'objet directs, dont l'un est un infinitif et l'autre "le sujet" de cet infinitif, la pratique analytique imposée est de réunir ces deux objets en un seul, appelé proposition subordonnée infinitive :

Il entend les enfants jouer. Il ***les*** *entend* ***jouer.***

En dehors de ces cas, l'infinitif est réputé incapable de servir de noyau de proposition : il est alors analysé comme un nom dont il prend les principales fonctions : sujet (***Jouer*** *est un plaisir*) ; complément du nom (*Le plaisir de* ***jouer***) ; complément circonstanciel (*Il est venu* ***pour jouer, sans tarder***) etc. Ou alors il fait corps avec un autre verbe conjugué qui lui sert occasionnellement d'auxiliaire (on dit semi-auxiliaire) et ils forment ensemble (comme nous le verrons plus loin) une périphrase verbale, équivalente à un verbe simple (*Il vient de sortir* = il sort à l'instant ; *il se met à chanter* = il chante).

Pour le participe les choses sont infiniment plus confuses et compliquées ; d'abord parce qu'il faut distinguer le participe présent du participe passé : seul le premier, en effet, a fait l'objet de prescriptions académiques qui en contraignent l'analyse.

3.2 Le participe passé

Forme adjective du verbe, il est d'abord employé pour la formation des temps composés et surcomposés de la conjugaison.

Dans les formes composées, on conjugue un auxiliaire (être ou avoir) suivi du participe passé (*Il a joué. Après qu'il eut joué, il est sorti*) ; dans les formes surcomposées, l'auxiliaire est lui-même à un temps composé (*Après qu'il a eu fini. Il avait été congédié*).

Il n'est noyau d'une proposition subordonnée participiale que s'il a un sujet propre, c'est-à-dire si son sujet n'a pas d'autre fonction que celle-là dans la proposition :

Une fois la lettre postée, je me sentis rassuré. La lettre ayant été postée, je me sentis rassuré.

En dehors de ce cas spécifique, le participe ne forme pas proposition et doit être analysé comme un adjectif qualificatif : *Un joueur confirmé disputera ce match* (le participe-adjectif est épithète). *Ennuyé, il ne put me répondre* (le participe-adjectif est épithète détachée de *il*).

3.3 Le participe présent

Il devrait certes être traité de la même manière ; mais il se trouve que l'Académie a voulu distinguer de manière rigide ses emplois d'adjectif, sous le nom d'**adjectif verbal** (il est alors variable en genre et en nombre et s'analyse en effet comme un adjectif qualificatif : *Tu as les mains dégoûtantes* ; *une épreuve fatigante*), des emplois verbaux, où il est nommé **participe présent.** L'application de la procédure précédente (celle utilisée pour le participe passé) conduit à le reconnaître en effet comme noyau d'une proposition subordonnée participiale chaque fois qu'il a un sujet propre :

Le train arrivant, les voyageurs montèrent sur le quai.

3.4 L'apposition

Mais dans le cas où le participe présent n'a pas de sujet propre et où, par conséquent, il ne peut être noyau de proposition, on ne peut pas non plus le regarder comme un adjectif (qualificatif) puisque cette case est occupée déjà, selon l'Académie, par l'adjectif verbal. La grammaire s'est résolue à adopter un pis-aller, qui est de nommer alors ce participe présent **apposition** au terme qui, bien qu'ayant une autre fonction dans la phrase, lui sert implicitement de sujet.

Courant à sa rencontre, je faillis trébucher. (*Courant* est apposé à *je*.)
La reine, le voyant obstinément muet, se décida à parler la première. (*Voyant* est apposé à *la reine.*)

Les formes non personnelles du verbe sont donc incapables le plus souvent de constituer le noyau d'une proposition et plus spécialement son prédicat. Ce n'est qu'exceptionnellement qu'elles peuvent engendrer des propositions, d'ailleurs subordonnées, comme on vient de le voir.

Quant à servir de noyau à une proposition indépendante, il faut observer que si le participe en est incapable (il ne peut être compris que comme une phrase incomplète, un monorème : *Touché ! Charmant !),* l'infinitif en revanche est parfaitement employé comme noyau de proposition : *Prendre le chemin de gauche. Rêver!* La grammaire, prise entre deux obligations, assimile généralement ces propositions aux phrases nominales, ce qui est jouer sur les mots à l'extrême puisqu'il s'agit bien d'une forme verbale. Dans la perspective linguistique, il ne s'agit pas non plus d'une phrase incomplète, malgré l'absence de sujet grammatical ; l'infinitif est en effet capable de trouver un sujet implicite dans l'acte même de la communication : dans *Prendre le chemin de gauche*, le sujet est implicitement le lecteur, destinataire de cette indication, exactement comme dans l'impératif *Prenez le chemin de gauche*.

Les fonctions essentielles de sujet et, avec les verbes objectifs, de complément d'objet, peuvent donc être exceptionnellement vacantes ; elles peuvent également être le lieu de diverses transformations et arrangements que l'on peut étudier sous la dénomination générale de **diathèse.**

Le mot de diathèse sert à résumer tout ce qui touche au **sens** (transitif/intransitif), à la **voix** (active/passive) et à la **forme** (impersonnelle ; pronominale ; factitive) du verbe.

Ces points vont être examinés successivement.

4. Le sens

Nous avons vu que dans le lexique les verbes ont vocation à se construire avec un complément d'objet (verbes objectifs) ou sans (verbes subjectifs). Ce n'est pas qu'ils ne puissent parfois passer d'une catégorie à l'autre, mais cela ne va pas sans changement de sens. Ainsi, on construit habituellement : *Il boit de l'eau, du vin...* ; mais on peut aussi dire tout simplement : *Il boit*, et cela dans deux cas :

– soit que la situation rende parfaitement claire la suite de l'information, par exemple, si on a disposé tout ce qui est nécessaire aux libations : *Le roi boit ! ;*

– soit qu'il y ait transformation sémantique et que la phrase signifie en réalité qu'"il est alcoolique".

Inversement, un verbe subjectif, normalement construit sans complément d'objet, comme *Il vit*, peut parfois être suivi d'un complément : *Il vit sa vie*. Comme on le voit, ce complément est postiche, qui ne fait que dire une seconde fois la composante sémantique essentielle du verbe subjectif ; la grammaire ne s'y trompe pas, et nomme généralement ce complément un **complément d'objet interne.**

Dans le premier cas, on dira qu'il y a deux verbes *boire*, l'un objectif, l'autre subjectif, dotés chacun d'un signifié propre ; dans le second cas, l'adjonction d'un complément n'entraînant aucune modification sémantique, au contraire, on a affaire à une simple variante expressive.

5. La voix

Ici l'opposition est binaire, entre une forme marquée, la voix passive et une forme non marquée, la voix active, ce qui signifie que l'on n'emploie la voix passive que dans des cas précis et limités, de manière exceptionnelle. On ne dira pas couramment : *Ce verre a été bu par lui*, mais seulement s'il y a une enquête pour savoir qui a pu commettre cet acte.

> Le verbe nomme soit une action, soit un état ou un changement d'état, soit un mouvement : pour résumer ces trois options on dit qu'il nomme un **procès**. Les êtres ou les choses impliqués dans ce procès sont appelés **actants**. Il s'agit de celui qui fait l'action, de celui qui la subit et de celui qui y participe et qui sont nommés :
>
> – **siège** du procès pour le terme qui est sujet d'un verbe subjectif : **Pierre** *a beaucoup souffert* ;
>
> – **agent** du procès pour celui qui est (à la voix active) le sujet et qui agit sur un **patient** (complément d'objet direct à la voix active) : **Pierre** *bat* **Paul** ;
>
> – **tiers (ou troisième) actant** pour le complément d'attribution : **Pierre** *donne un* **livre** *à* **Paul.**

La voix passive renverse l'ordre des actants et présente non plus le point de vue du sujet mais celui du patient (celui qui subit l'action), en le mettant en relief par sa position logique de thème de la proposition. *Pierre bat Paul* devient ainsi : *Paul est battu par Pierre* (*Paul* est alors sujet et *Pierre*, l'ancien sujet de la voix active, devient le **complément d'agent**).

Aussi la voix passive n'est-elle utilisable que dans le cas où le verbe est un verbe objectif, transitif direct. L'ex-sujet de la voix active apparaît sous la forme d'un complément, le complément d'agent, généralement introduit par les prépositions *par* ou *de*.

On éprouve parfois des difficultés à comprendre si l'on a affaire à une forme verbale conjuguée à la voix passive ou à une construction de l'attribut du sujet, dans laquelle le participe passé serait adjectivé. C'est que le passage d'un état acquis à une description se fait insensiblement ; ainsi en disant que *La maison est construite*, on passe d'une action à un état descriptible durable. Deux critères sont utilisables :

– soit qu'il y ait effectivement présence d'un complément d'agent, ce qui suffit à authentifier la voix passive ;

– soit qu'il y ait un marquage temporel et chronologique précis, qui active le fonctionnement verbal (et non adjectival), puisque l'aptitude à marquer le temps n'est conférée qu'aux seules formes verbales.

J'ai été instruit de cela par l'expérience (présence du complément d'agent). *Il a fallu longtemps pour que j'en sois instruit* (présence d'un marquage temporel) seront analysés comme des emplois de la voix passive, tandis que *Cette personne est instruite* sera regardé comme un emploi adjectival du participe passé en fonction d'attribut, sans qu'on puisse cependant tout à fait exclure une interprétation verbale, qui réintroduirait un nécessaire complément implicite (= elle est instruite de cela) ; mais en dehors de ce cas, la valeur adjectivale va de soi et se trouve d'ailleurs largement lexicalisée (= une personne qui a de l'instruction).

6. La forme

On aura pris garde à la terminologie qui impose de parler de voix pour l'opposition actif / passif, et maintenant, de forme pour l'impersonnel, le pronominal et le factitif.

6.1 La forme impersonnelle

Nous avons pu voir que le thème de la proposition est généralement placé à sa tête où il remplit la fonction de sujet. Si, pour des raisons expressives, on choisit de faire du verbe le thème de la proposition, son sujet va se trouver naturellement postposé :

Des cavaliers arrivent. / Arrivent des cavaliers.

Cette disposition est spécialement artificielle et pose d'ailleurs des problèmes d'accord avec un terme qui n'a pas encore été nommé. Simultanément, l'évolution linguistique a rendu nécessaire, dans la conjugaison du verbe, la présence d'un pronom (de conjugaison) qui en indiquât la morphologie. On a donc marqué le caractère invariable de la forme verbale dans ce cas par l'utilisation de *Il* servant d'indice pur et simple de cette invariabilité.

Il arrive des cavaliers.

Il n'est donc ici ni un pronom, ni un sujet : on le nommera **indice** de la forme impersonnelle ; quant au "sujet", déplacé à l'endroit occupé en général par le complément d'objet, on préférera l'appeler **terme complétif** de ce *Il*.

On peut alors rapprocher cette forme impersonnelle de la forme **unipersonnelle**, qui est celle de verbes qui n'existent qu'à la forme impersonnelle, généralement sans terme complétif et qui comprennent surtout les verbes "météorologiques" :

Il pleut. Il vente.

On voit que la forme impersonnelle constitue une variante intéressante de la diathèse verbale puisqu'elle permet d'agir sur la place de l'agent du procès et de le déplacer significativement de la position qu'il occupe habituellement et qui est celle dévolue au thème : cette fois c'est le verbe qui constitue l'information de départ.

Une difficulté apparaît souvent dans ce cas. / Il apparaît souvent dans ce cas une difficulté.

6.2 La forme pronominale

On sait qu'elle est marquée morphologiquement par le redoublement de la personne du sujet sous la forme d'un **pronom réfléchi.** Toute la question est de savoir si ce pronom garde une autonomie et une fonction analysable ou s'il est désormais incorporé au verbe qu'il distingue du verbe non pronominal.

La question se trouve singulièrement obscurcie par la pratique "économique" des dictionnaires qui ont choisi de faire figurer le verbe pronominal sous la forme de verbe non pronominal. Cette pratique singulière fait que nous cherchons le verbe "s'arroger", qui n'existe qu'à la forme pronominale, sous l'adresse "arroger", laquelle n'est qu'une chimère, puisque ce mot n'existe pas dans notre langue.

La grammaire opère traditionnellement, dans la classe des verbes pronominaux, une distinction entre les **réfléchis** *(Il se lave),* **réciproques** *(Ils se battent),* **proprement pronominaux** (*Elle s'évanouit*) et **pronominaux de sens passif** *(Cet article s'est bien vendu).* Ces distinctions ne sont guère opérantes, notamment parce qu'elles continuent à classer comme *réfléchis* des verbes dont la signification ne permet plus de considérer que le sujet effectue une action sur lui-même ; ils ont simplement pris un sens dérivé, ce qui oppose à l'ancien un nouveau verbe, distingué par la présence du pronom réfléchi. Ainsi, à côté des verbes *Douter*, *Adresser quelque chose à quelqu'un*, il existe les verbes *Se douter*, *S'adresser à quelqu'un* dont les sens diffèrent radicalement : il s'agit bien de mots nouveaux, de signes linguistiques neufs, puisqu'ils diffèrent des précédents et par le signifié et par le signifiant.

On préférera donc proposer le classement suivant :

– les **pronominaux réciproques,** qui ne sont concevables qu'au pluriel puisqu'ils impliquent que chaque agent est aussi en même temps patient : ils représentent alors une sorte de synthèse de l'actif et du passif, puisqu'on adopte alternativement le point de vue de l'agent et du patient. Dans *Pierre et Paul se battent*, Pierre comme Paul sont alternativement agent et patient : chacun bat et est battu.

– les **pronominaux réfléchis vrais,** dans lesquels l'agent effectue vraiment l'action sur lui-même : *Il se lave* = une partie de *Il* lave l'autre partie de *Il*. Là encore, il y a synthèse de l'actif et du passif. On observera d'ailleurs curieusement que si aux temps simples (*Il se lave. Il se lavera)*, on a bien l'organisation habituelle de la voix active (Il = agent. Se = patient), aux temps composés, en raison de l'emploi obligatoire de l'auxiliaire "être" (*Il s'est lavé. Il se sera lavé*), on trouve la configuration qui est celle du passif (= Il est lavé *par* se. Il sera lavé *par* se).

– les **verbes proprement ou essentiellement pronominaux** auxquels il faut joindre tous ceux qui, sous les apparences du réfléchi, dissimulent en réalité une lexicalisation, comme *Se douter*, *S'adresser à*. Cette catégorie comprend de nombreux verbes, au sujet desquels il convient de ne pas se laisser abuser par la pratique des dictionnaires. Dans *Il se trompe*, malgré les apparences, il n'y a plus action du sujet sur lui-même (ce n'est pas une partie de *Il* qui trompe l'autre partie de *Il*), mais un sens nouveau : "commettre une erreur". Cette catégorie est cependant difficilement nommée par la grammaire ; on pourrait s'entendre sur la dénomination de *pronominaux lexicalisés*.

– la catégorie des **pronominaux "de sens passif"**, qui n'est qu'une variante incluse dans le cas général, n'a pas à faire l'objet d'un traitement particulier, comme on le voit ci-dessous.

On obtient ainsi deux classes de pronominaux :

– d'une part, les réciproques et réfléchis, dans lesquels le pronom réfléchi reste analysable. Comme nous l'avons vu, ces verbes réalisent une synthèse intéressante entre l'actif et le passif ; leur valeur mixte a pu tenter certains linguistes de les traiter comme les formes d'une voix moyenne, intermédiaire entre l'actif et le passif. C'est là un programme séduisant, malheureusement irréalisable puisque toute la seconde catégorie des pronominaux y échappe et rend cette organisation improbable. Il convient donc de se résigner à voir dans les pronominaux une classe composite dans laquelle la fonction est, d'une part, pour les réfléchis et réciproques, de l'ordre de la voix, et pour les autres, d'ordre lexical ;

– les pronominaux lexicalisés, qui fonctionnent donc d'abord sur le plan sémantique, mais qui sont également envisageables sur le plan fonctionnel. On peut y noter, en effet, un caractère **récessif**, lié à la présence de ce pronom réfléchi, à la fois nécessaire pour les distinguer du verbe non pronominal, et inutile, puisque inanalysable.

Le mot de récessif servira à exposer le cas particulier d'une forme de pronom personnel réfléchi que la grammaire doit renoncer à analyser.

Fausse-vraie marque, le pronom réfléchi postiche des pronominaux lexicalisés opère de deux façons, alternatives ou peut-être, parfois, simultanées :

– en signalant ostensiblement la perte d'un actant ; ainsi *Il trompe son adversaire* sera opposé à *Il se trompe* par la disparition du complément d'objet, qui transforme le verbe objectif *Tromper* en verbe subjectif *Se tromper*. Ce dernier a en effet désormais un seul actant exprimé : son sujet ; au lieu de l'expression d'un agent et d'un patient, il n'y a plus que le siège du procès ;

– en replaçant le verbe, par analogie avec la première sous-classe des pronominaux (celle des réciproques et réfléchis), entre l'actif et le passif et en effaçant l'agent, ils constituent une forme d'expression du passif sans agent exprimé ou **passif impersonnel** : *Les oranges se vendent bien cette année* (= on les vend bien). C'est ce que l'on nommait traditionnellement les pronominaux de sens passif.

Les valeurs des pronominaux lexicalisés appartiennent presque toujours au domaine des intentions expressives et stylistiques. Lorsque des enfants confus expliquent à leurs parents que *Le vase s'est cassé*, ils évitent évidemment de nommer l'agent du procès, ce qui relève du "passif impersonnel" ; mais ce tour est plus que *On a cassé le vase* ou *Il a été cassé un vase* puisqu'ils se servent d'un verbe récessif qui, dans tous les cas, exclut la présence d'un deuxième actant, par opposition à *Un vase a été cassé*, véritable passif, qui suppose un complément d'agent, alors que le pronominal récessif le dit justement innommable.

6.3 La forme factitive

Avant d'aborder ce point, il est nécessaire de posséder un concept descriptif particulier, celui de **périphrase verbale.** On nomme ainsi l'association d'un verbe conjugué, dit semi-auxiliaire, et qui est un verbe autrement doté d'une signification pleine, mais qui est également capable, par perte de sa substance sémantique et grammaticalisation, d'entrer dans la constitution, avec le verbe à l'infinitif qui le suit, d'une périphrase verbale. Elle est ainsi nommée car les deux verbes associés ne désignent cependant qu'un seul procès. Les périphrases verbales servent à marquer des nuances que la conjugaison est incapable de formuler ; aussi les trouve-t-on dans tous les compartiments du fonctionnement verbal, où d'ailleurs nous les retrouverons.

Sur le plan de la diathèse verbale, les périphrases de base sont constituées au moyen des semi-auxiliaires "faire" et "laisser" : ce sont eux qui ont donné leur nom aux **périphrases** qui sont dites, en conséquence, **factitives, permissives, tolératives,** etc. Il paraît plus simple de ne pas marquer l'infini des nuances sémantiques possibles par autant de termes distincts et on pourrait tout simplement les regrouper sous le nom de périphrases factitives.

Le fonctionnement d'une périphrase factitive va consister à dédoubler l'agent du procès, donc à ajouter un actant à la construction verbale :

voix active	**forme factitive**
L'élève fait ses devoirs.	*Le maître fait faire ses devoirs à l'élève.*
L'élève donne un livre à son voisin.	*Le maître fait donner un livre à son voisin par l'élève.*

Dans le premier cas, on passe de deux actants (l'agent = *l'élève ;* le patient = *ses devoirs)* à trois (l'agent causatif = *le maître ;* l'agent effectif = *l'élève ;* le patient = *ses devoirs*). Dans le second, on passe de trois actants (l'agent, le patient, le tiers actant = *l'élève, un livre, son voisin)* à quatre (l'agent causatif, l'agent effectif, le patient, le tiers actant = *le maître, l'élève, un livre, son voisin).*

Cette présentation fait apparaître deux traits essentiels :

– la forme factitive présente une option spéciale située entre la voix active et la voix passive, puisque l'agent effectif est à la fois actif, dans la mesure où c'est lui qui agit, et passif, dans la mesure où il subit la contrainte de l'agent causatif ;

– les compléments introduits par les prépositions *par* et *à* sont différents à la fois des compléments d'objet – parce qu'ils servent à désigner un agent et non plus le patient – et des compléments circonstanciels. La difficulté est de les nommer : on a vu que *par* introduisait le complément d'agent, et on peut donc continuer à nommer ainsi *par l'élève* dans notre texte précédent ; en ce qui concerne *à*, la dénomination usuelle est celle de *complément d'attribution*, et on ne voit pas pourquoi le terme ne serait pas conservé, à condition qu'on y lise bien l'expression d'un actant, participant de premier plan au procès.

À côté des deux verbes types, "faire" et "laisser", il existe une liste ouverte de verbes qui opèrent la même transformation factitive : *Il fait faire ses devoirs à l'élève* entraîne : *Il l'oblige à les faire. Il le contraint à les faire. Il le pousse à les faire. Il l'encourage à les faire,* etc. *Obliger à ; contraindre à ; pousser à ; encourager à...* sont donc utilisables comme auxiliaires factitifs. On pourrait répéter l'opération avec "laisser" : *Il laisse jouer les enfants = Il leur permet de jouer. Il les autorise à jouer. Il les invite à jouer* etc. (où l'on rejoint notre liste précédente, ce qui révèle la cohésion de l'ensemble).

Mais le fonctionnement factitif n'est pas assuré seulement sous forme de périphrases verbales ; il existe également un moyen simple, qui concerne les verbes subjectifs. Puisque le rendement global de la forme factitive est d'augmenter d'une unité le nombre des actants, il suffit d'ajouter un actant à un verbe subjectif, en le dotant d'un complément d'objet qu'il ne comporte normalement pas, pour l'affecter de la même valeur. Ainsi dans *Il monte la valise au premier étage*, le verbe "monter", qui est un verbe subjectif, intransitif, reçoit cependant un complément d'objet direct : "la valise". Cette opération dissimule une transformation factitive, que l'on pourrait gloser par *Il fait en sorte que la valise monte au grenier*. Cette opération ne se voit plus parce qu'elle est entièrement et depuis longtemps lexicalisée, mais on peut encore la percevoir dans des constructions comme *Le soleil brunit la peau*, à cause de l'équivalence avec *Le soleil fait brunir la peau* ou *La peau brunit au soleil. La peau est brunie par le soleil.* On y lit donc, quelles que soient les fonctions apparentes des termes désignant les actants : un agent causatif : *le soleil* ; un agent effectif : *la peau. Brunir* est bien un verbe subjectif, exceptionnellement utilisable transitivement, ce qui le transforme en factitif.

6.4 Les transformations multiples

Il est également possible de combiner entre elles plusieurs des options que nous venons de décrire, ce qui permet de disposer les actants de manière renouvelée.

Dans *Elle s'évanouit*, il n'y a qu'un seul actant que l'on nomme alors **le siège du procès** ; mais dans *Il la fait s'évanouir*, il y en a deux, l'agent causatif *il* et le siège *la.*

Dans *Une idée me revient*, comme dans *Il me revient une idée*, il n'y a qu'un seul actant, mais qui occupe deux positions différentes, tantôt sujet, tantôt terme complétif.

De *Des projets sont conçus* à *Ces projets se conçoivent* et à *Il se conçoit beaucoup de projets*, le même actant est tantôt sujet de la voix passive, tantôt sujet de la forme pronominale lexicalisée, tantôt terme complétif.

Le verbe *Retirer*, objectif, a deux actants dans *Il retire de l'argent à la banque ;* il en perd un si l'on passe à la forme pronominale récessive : *L'argent se retire au guichet* ou *Il se retire beaucoup d'argent à ce guichet* ; mais le verbe acquiert un actant supplémentaire si on le met à la forme factitive : *Il fait retirer son argent par quelqu'un.*

On notera donc l'infinie richesse des combinaisons possibles autour du verbe dans l'agencement des compléments essentiels, du sujet et des compléments d'agent et d'attribution. C'est dans cette organisation de la diathèse verbale que se forme la structure de la proposition.

LE VERBE

Nous venons de voir quel rôle essentiel le verbe était amené à jouer dans la logique de la proposition où il sert de copule et de prédicat, ainsi que dans la structure syntaxique elle-même puisque c'est lui qui commande le nombre et la disposition des actants. Reste à examiner le verbe en lui-même, avec ses formes et la somme des fonctions qu'il assume ; sa grande caractéristique exclusive est, en effet, de porter les marques du temps.

C'est sans doute la raison pour laquelle le mot "temps" est utilisé pour nommer et classer les formes du verbe, que l'on a parfois proposé de nommer plutôt des "tiroirs verbaux", tant les dénominations usuelles des "temps" sont source de méprise et de confusion. Il conviendra donc de ne regarder les dénominations apprises que comme autant de termes simplement conventionnels, mais sans valeur signifiante.

1. Les formes

On se reportera aux tableaux de conjugaison du volume d'*Exercices et compléments*.

Le classement, tel qu'il est conçu, groupe sous le nom de *mode* des réalités hétéroclites ; il faut en réalité opposer les formes que sont le participe et l'infinitif (et on entend par là que ces formes se situent aux frontières de la catégorie du verbe, au moment où elle est mitoyenne, de la catégorie de l'adjectif, pour le participe, et de la catégorie du nom, pour l'infinitif : le participe est donc la forme adjective du verbe, comme l'infinitif en est la forme nominale) aux modes véritables ; encore faut-il bien comprendre que les modes sont disposés en opposition binaire entre le degré zéro du mode qu'est l'indicatif et les modes proprement dits que sont donc le subjonctif, le conditionnel et l'impératif.

FORMES	adjective	nominale	verbales
	Participe	**Infinitif**	autres formes

MODES	non modal	modal
	Indicatif	**Subjonctif** **Conditionnel** **Impératif**

Remarque : Aux formes banales de la conjugaison viennent s'ajouter, dans tous les champs que nous venons de délimiter, des périphrases verbales, conçues selon le modèle défini précédemment (semi-auxiliaire + infinitif) et qui forment des variantes lexicales de toutes les fonctions du verbe.

Le premier enseignement de cette répartition est qu'une forme du verbe ne peut avoir de fonction que dans l'aire qui lui est propre. Le second est que les formes sont spécialisées respectivement dans un type de fonction dont il nous faut préalablement comprendre le mécanisme et la nécessité.

2. Les fonctions

La spécificité du verbe, par rapport à toutes les autres classes d'unités linguistiques, est son aptitude à marquer le temps ; mais il faut bien voir que nous nous faisons du temps une double représentation :

– soit que nous l'appréhendions comme un point situé sur une échelle et par rapport à un repère : c'est le temps mesuré, celui du mot "temps" dans la locution *En ce temps-là ;*

– soit que nous le saisissions dans son déroulement, en flux, comme dans l'expression *Il lui a fallu du temps, beaucoup de temps.*

À la première définition du temps correspond le concept linguistique du *temps* proprement dit ; à la seconde, l'*aspect*. Or, le système linguistique français a tendance à dissimuler l'aspect sous le temps, ou plus exactement, les descriptions que l'on donne ordinairement du verbe oblitèrent l'aspect par le temps et le relèguent, lorsqu'elles veulent bien en tenir compte, dans des catégories purement sémantiques. Nous tenterons au contraire de voir la parité et les échanges qui se sont établis entre les deux fonctions, temporelle et aspectuelle.

Reste le *mode*, dont nous avons déjà parlé ; il est peut-être temps de le définir.

Selon une vieille conception scolastique, dans tout énoncé, se combinent le ***dictum*** (ce que l'on dit, l'information que l'on donne) et le ***modus*** (les intentions dans lesquelles on dit cela, l'action que l'on veut exercer sur le destinataire, ce que l'on veut obtenir). La difficulté de définition du *modus* tient à ce qu'il est double, soit qu'il traduise l'irruption de la subjectivité du sujet parlant, soit qu'il marque plutôt la rationalité de la démarche et recouvre une opération logique ; comme on le voit, le modus relève aussi bien de l'affectivité que de la logique. De là, par exemple, l'ambivalence du subjonctif qui apparaît aussi bien dans *Je désire ardemment qu'il vienne* (affectif) que dans *Je l'ai fait afin qu'il vienne* (logique).

Or le *modus* transparaît dans le *dictum*, sous la forme de modalités qui affectent spécialement la phrase d'une part, et le verbe de l'autre. Leur marquage dans le verbe se fait par le mode.

Remarque : Ces fonctions peuvent également être exercées par des périphrases verbales ; aussi existe-t-il des périphrases temporelles (*Il va venir*), aspectuelles (*Il se mit à chanter*) et modales (*Il peut venir. Il doit venir*). Ces dernières, étant évidemment les plus nombreuses et les plus fréquentes, ont valu aux semi-auxiliaires modaux le nom concurrent d'*auxiliaires de mode*.

Le point important dans la définition du fonctionnement verbal est que les trois fonctions du verbe que nous venons de définir sont réparties dans la cohérence, sans chevauchement ni redondance, comme le veut une organisation en système :

– pour l'exercice de la **fonction temporelle,** il faut nécessairement que le procès soit immobilisé, afin que son repérage sur un axe de la chronologie soit possible : il ne peut donc être saisi dans son déroulement ; l'expression du temps exclut alors celle de la durée. Cette indifférence à la durée signifie que le procès est désigné comme circonscrit par un commencement et une fin, et qu'il est perçu globalement. Son immobilisation, qui est indifférence à sa durée interne et qui note donc le degré zéro de l'aspect, s'appelle l'**aspect perfectif.** Cet aspect est porté par les formes de l'indicatif nommées **passé simple** et **futur simple** ;

– pour activer le **fonctionnement aspectuel,** il faut en revanche que soit pris en compte le déroulement interne du procès : cette activation est le fait de l'**aspect imperfectif,** qui est le propre de l'**imparfait** et du **conditionnel présent.** Mais on aura bien compris que du coup ces formes verbales sont dans l'incapacité de marquer autre chose que l'aspect : elles ne peuvent marquer que très difficilement le temps au sens n°1, le temps comme chronologie, qui n'appartient qu'au seul aspect perfectif ;

> L'opposition fondamentale est donc celle de l'aspect perfectif par lequel le procès est perçu comme un tout circonscrit quelle que soit sa durée interne et de l'aspect imperfectif par lequel le procès est saisi dans son déroulement et sa durée.

– comme nous l'avons déjà vu, **la fonction modale** est exercée en propre par le subjonctif, le conditionnel et l'impératif. Ce qui signifie que ces formes sont également incapables d'assurer les fonctions temporelles et aspectuelles. Or, on peut remarquer que le conditionnel figure aussi bien dans les formes de l'aspect imperfectif que dans les formes modales ; c'est là une de ces ramifications complexes du système qui en ternissent la limpidité et dont nous aurons à rendre compte.

On peut également remarquer que l'impératif, défectif dans sa conjugaison, est réservé à la communication orale et au discours direct ; il n'a donc pas la même extension ni la même importance que le reste du système décrit ici.

3. Les formes composées

Nous n'avons nommé jusqu'ici que les temps simples du verbe. On sait que chacun d'eux est doublé par un temps composé de la forme : auxiliaire (être ou avoir) + participe passé. La désignation de ces temps composés n'étant pas absolument parallèle dans les divers "modes" de la conjugaison, on se reportera, pour leur nomenclature, au volume d'*Exercices et compléments.*

On peut également signaler l'existence de formes surcomposées, qu'il n'est pas nécessaire d'inclure formellement dans le tableau de la conjugaison puisque leur création reste libre ; telles sont, par exemple, celles des temps composés de la voix passive : *Il a été appelé à d'autres fonctions.*

Les formes composées, quelles qu'elles soient, sont porteuses d'une valeur aspectuelle particulière : l'**aspect accompli**, et s'opposent donc à toutes les formes simples, qui marquent l'aspect non accompli. Contrairement aux lois d'incompatibilité fonctionnelle que nous avons posées, l'aspect accompli est compatible avec les fonctions temporelles et avec les fonctions modales ; seulement il va se combiner et être capté par le fonctionnement temporel et par le fonctionnement modal. C'est ainsi que le **passé composé** qui est la forme d'accompli du **présent de l'indicatif** va se trouver absorbé par la fonction temporelle de son non accompli et servir, dans notre usage actuel, à exprimer l'antérieur du présent, c'est-à-dire le passé. (Ainsi dans *Il est venu la semaine dernière et m'a parlé de cela*, équivalent de *Il vint la semaine dernière et me parla de cela.*) Ou encore, le **subjonctif plus-que-parfait**, accompli du **subjonctif imparfait**, pris dans le fonctionnement modal de ce dernier, deviendra porteur des fonctions modales d'irréel du passé :

> *S'il arrivait qu'il fît beau et qu'on l'eût prévu, nous partions à la campagne.*

Nous pouvons maintenant tenter de décrire chacune des fonctions exercées par le verbe.

4. La fonction temporelle

Rappel : cette fonction est spécifique de l'indicatif, non aspectuel et non modal ; elle est portée par le passé simple et le futur simple, ainsi que les formes composées qui leur correspondent : le passé antérieur et le futur antérieur.

Pour exprimer le temps au sens où nous l'entendons, c'est-à-dire la chronologie, le système linguistique procède de manière rudimentaire : par rapport à un repère donné, il est capable de situer un procès dans l'avant, le concomitant ou l'après : l'antériorité sera donnée par le passé simple, l'ultériorité par le futur simple.

C'est là un fonctionnement sans équivoque possible, mais aussi sans raffinement. On peut le schématiser par un axe, sur lequel 0 (zéro) marque le point de repère :

```
__________////____________________0___________////_________
        Passé simple                         Futur simple
```

Toute la difficulté, on le voit, est dans le choix du point de repère 0 : celui-ci ne peut pas être défini linguistiquement, puisqu'il doit être absolu. On va donc se servir de l'acte même de communication et le point de repère 0, ou **présent**, sera défini comme l'**actualité du locuteur** : le présent est le moment où je parle.

On voit combien les fondements du système linguistique s'appuient sur la pratique orale, seule vraie base de la langue. La langue écrite n'est jamais qu'un moyen conservatoire second. Il n'en reste pas moins que la définition du présent écrit devient relativement compliquée ; c'est jouer sur les mots que de dire que le présent serait alors "l'actualité de l'écriture". On peut surtout constater que le présent est toujours la marque évidente et obligatoire d'un discours direct plus ou moins dissimulé, donc une évocation de l'oralité du fonctionnement.

Il découle de cette situation les contraintes suivantes :

• **Pour le présent :**

– Tout présent postule une énonciation et la présence occulte ou explicite d'un locuteur.

– Le présent correspondant au moment de cette énonciation a vocation particulière à exprimer le **performatif.** On nomme ainsi la coïncidence entre le dire et le dit, les cas où l'action exprimée par le verbe consiste précisément à dire ce verbe. Ainsi en disant *Je le jure*, j'effectue justement un serment ; le présent ne fait que doubler cette valeur performative.

– Mais on sait aussi que, loin de ne pouvoir marquer que cette coïncidence entre l'action et la parole, le présent s'accommode fort bien d'une certaine indétermination temporelle qui accepte autour du moment de la parole un certain halo d'approximation ; aussi le présent peut-il exprimer le passé récent *(Il arrive à l'instant)* ou le futur proche (*Il arrive dans un instant).*

– Le présent n'ayant lui-même aucun repère linguistique se trouve être hors du temps mesuré : il est proprement **atemporel,** c'est-à-dire, en bonne linguistique, **omnitemporel,** capable de s'appliquer à n'importe quelle époque. Les interminables considérations des grammaires qui essaient de rendre compte des diverses temporalités du présent, ne font que gloser le contenu des contextes des exemples proposés ; ainsi on dit que *L'homme est un loup pour l'homme* est un présent gnomique ou de vérité générale ; que *Pierre est grand* est un présent de caractérisation ; que *La terre tourne* est un présent de vérité éternelle. Mais le présent lui-même ne dit rien de cela et, en fait, c'est notre expérience que nous transposons. Tous ces présents se prêtent à toutes les manipulations temporelles, parce qu'ils sont atemporels.

– Le fait que la même forme de présent de l'indicatif puisse alternativement être regardée comme un présent actuel ou comme un présent atemporel est tout à fait significatif de l'ambition d'une bonne partie de la littérature à valoir circonstanciellement dans un temps donné et éternellement, hors des contingences temporelles. En disant, sans autre marquage temporel, *Il fait beau dans ce pays*, je dis aussi bien l'actuel (Il fait beau en ce moment) que l'omnitemporel (Il y fait toujours beau).

– Non soumis au temps, le présent n'est pas non plus marqué d'un aspect particulier : il est tout aussi bien omni-aspectuel. Ainsi *Il fume une cigarette* est actuel et d'aspect momentané, tandis que *Il fume depuis vingt ans* est un présent-passé, d'aspect fréquentatif (= qui connaît de nombreuses répétitions).

• **Pour le passé simple :**

– Chaque procès exprimé à l'aspect perfectif constitue un tout parfaitement circonscrit et délimité. Il est donc impossible de marquer la simultanéité de deux procès à l'aspect perfectif, puisque chacun d'eux forme un tout intangible avec lequel l'autre ne peut interférer. Cette situation est particulièrement gênante dans la narration au passé. Il semble que curieusement, dans un récit d'anticipation au futur, le narrateur se soucie peu de l'exacte chronologie des événements qui sont encore à venir ; en revanche, le narrateur tient fermement à exprimer la coïncidence dramatique de deux faits passés. Si je veux raconter la tragique histoire de X, assassiné alors qu'il fumait paisiblement une cigarette, je ne peux me servir de deux passés simples, car en écrivant :

Il fuma une cigarette ; l'assassin tira

je dis qu'il fuma d'abord entièrement une cigarette, puis, cette action terminée (car elle est entièrement circonscrite), que l'assassin tira. Le passé simple n'est donc apte qu'à marquer la succession des faits. Pour dire la simultanéité, je suis obligé de me servir d'une forme extérieure au système temporel et donc de construire :

Il fumait une cigarette ; l'assassin tira.

– Une des difficultés d'emploi de l'aspect perfectif dans la narration, spécialement dans la narration au passé et à la première personne, est que la vision globale du procès circonscrit implique évidemment un regard extérieur porté sur le procès. Or nous savons que le *je* du locuteur-narrateur se trouve précisément situé dans le présent, qu'il fonde par son actualité. Si bien que l'emploi du passé simple à la première personne implique un narrateur disant froidement et objectivement son passé en le mettant à distance. Cette considération psychologique est aux antipodes des intentions d'une pareille narration. Là encore il va falloir ruser pour éviter cette situation conflictuelle.

• Pour les formes composées :

– D'une manière générale, les formes composées ne sont pas seulement interprétées comme l'aspect accompli du temps simple qui leur correspond : au sein de l'indicatif, elles vont se trouver captées par la fonction temporelle et seront interprétées comme des antérieurs de celle-ci. En répondant à une demande : *Il est sorti*, je ne dis pas seulement l'accompli du présent mais aussi le passé.

– Aussi cette valeur acquise du passé composé va-t-elle, elle, être utilisée pour compenser les défaillances psychologiques du passé simple, notées ci-dessus : dans la mesure où le passé composé reste en contact avec le présent dont il est l'accompli, il marque un passé qui n'est pas détaché de ce présent et qui reste en contact avec le narrateur.

passé simple
_____________////_________________0_________________________
//
zone du passé composé

Le même mécanisme est inutile pour marquer l'antérieur du futur ; on ne s'en sert guère que par une sorte de plaisanterie pour évoquer par détour le présent : *Vous aurez lu dans cette page quelque chose d'intéressant.*

futur simple
________________________0__________________////______________
/////////////////////////////////
zone du futur antérieur

– Enfin, le passé antérieur est d'un maniement extrêmement délicat : il cumule en effet les valeurs du perfectif et de la narration distanciée et objective qu'il implique avec l'aspect accompli : il y a surabondance des marques de l'achèvement. Aussi ne peut-il guère être utilisé que :

▷ comme accompli dans les systèmes temporels où il est mis en relation avec le passé simple :

A peine eut-il terminé qu'il sortit.

▷ comme marque de l'action instantanée et sans durée :

Et le drôle eut lapé le tout en un moment.

Aussi conviendra-t-il de recourir ici encore à la forme parallèle du plus-que-parfait de l'indicatif pour marquer l'antérieur du passé dans l'ordinaire de la narration :

Il avait à peine terminé : il sortit.

5. La fonction aspectuelle

Tout nous indique qu'il existe un système parallèle à celui du perfectif que nous venons de voir : il s'agit cette fois d'un marquage de l'aspect, ce que l'on nomme aspect imperfectif et qui va donner la vision du temps dans son déroulement, sa perception en flux. Celle-ci, à l'encontre de ce qui se passait pour l'aspect perfectif, ne peut être que le fait du sujet percevant le procès de l'intérieur, dans son déroulement. Le marquage de l'aspect (imperfectif) n'est qu'une indication globale qui peut s'interpréter, dans chaque cas particulier, de manière variée, soit comme duratif, fréquentatif, etc.

Notre juste perception des choses est cependant brouillée ici par un problème de classement dans la tradition grammaticale : les formes verbales qui relèvent de l'imperfectif (l'imparfait de l'indicatif et le conditionnel présent, pour les temps simples ; les plus-que-parfait de l'indicatif et le conditionnel passé, pour les formes composées qui leur correspondent) sont, en effet, dissociées dans la classification ordinaire et les tableaux de conjugaison. Nous en verrons la justification ultérieurement, mais il convient dès à présent de comprendre combien il faut transgresser d'idées reçues pour retrouver la réalité du fonctionnement linguistique.

Fondamentalement, comme nous le savons déjà, un système est toujours monovalent ; si donc le présent système est aspectuel, il ne saurait être temporel. On constate à l'évidence que l'imparfait de l'indicatif **n'est pas temporel**, non plus que le conditionnel présent. Il est omnitemporel comme le montrent ces exemples construits :

L'année dernière il faisait beau.
Ah! s'il faisait beau aujourd'hui.
Ah! s'il faisait beau l'année prochaine.
L'année dernière, je croyais qu'il ferait beau la semaine passée...qu'il ferait beau aujourd'hui...qu'il ferait beau la semaine prochaine.

L'aspect imperfectif ne marque donc pas le temps mais le déroulement du procès perçu de l'intérieur : il est incapable de circonscrire le procès ni d'en donner les limites et on peut le schématiser ainsi :

(/...__)__________X_______________(...__/)

(où X désigne la présence du sujet, en train de vivre le procès dans son déroulement).

Impossible à repérer autrement que par rapport au sujet, l'aspect imperfectif est impuissant à structurer un système, ou plutôt cette structuration ne va pouvoir s'opérer que par des voies obliques.

5.1 La structure morphologique

La structure morphologique du futur simple et du conditionnel présent, formes verbales de formation romane, les organise parallèlement. Le futur simple est fait de l'infinitif suivi des désinences du présent de "avoir" ; le conditionnel présent est fait de l'infinitif suivi des désinences de l'imparfait ; ce que l'on peut écrire sous la forme approximative d'équations :

Futur = Infinitif + (désinences de) Présent

Cond. Présent = Infinitif + (désinences d')Imparfait

Ce qui signifie que le conditionnel présent est à l'imparfait ce que le futur simple est au présent de l'indicatif. Par parallélisme avec le système du perfectif, nous pouvons donc construire le conditionnel présent en regard du futur, comme l'imparfait en regard du présent.

Système I = Perfectif

_______////______________0________________////_______

passé simple présent futur simple

Système II = Imperfectif

(__)_______________X_________________(__)

imparfait

(__)_______________________X_______(__)

conditionnel présent

5.2 La fréquence des associations

La fréquence des associations entre l'imparfait et le passé simple, lorsqu'il s'agit de pallier une déficience du système perfectif, incapable comme nous l'avons vu d'exprimer la concomitance dans le passé, va également instaurer une passerelle entre ces deux formes appartenant à des sytèmes différents.

On obtient donc un réseau particulier de relations transversales puisque l'imparfait se trouve lié à la fois au passé simple et au présent, tandis que le conditionnel présent se trouve lié au seul futur simple.

I	passé simple	présent	futur simple
II	imparfait	imparfait	conditionnel présent

5.3 L'interprétation de l'aspect imperfectif

Elle ne se fait pas seulement dans l'opposition à l'aspect perfectif ; l'aspect imperfectif possède également une caractéristique propre qui est que le sujet perçoit le procès de l'intérieur, dans son déroulement (Nous avons schématisé cette présence du sujet dans le procès par le signe X) ; cette caractéristique se recombine avec les "passerelles" que nous venons de voir et qui font de l'imparfait un passé / présent pour organiser le mécanisme général de la transposition au discours indirect. Ce dernier pose en effet un problème apparemment insurmontable puisqu'il impose, au passé, deux chronologies incompatibles :

– celle de la narration qui s'inscrit dans le passé du narrateur, lui même installé dans le présent fondateur de la chronologie :

Je lui parlai.

– celle de la personne dont il rapporte les propos (et qui peut éventuellement être lui-même) et qui s'est obligatoirement exprimée au présent de l'énonciation.

"Il fait beau", se dit-il.

D'où :

Je lui parlai ; il me dit qu'il faisait beau.

Seul l'imparfait peut combiner ces deux chronologies :
– parce qu'il est mixte, passé / présent ;
– parce que la présence du locuteur au sein de son dire est une caractéristique de l'aspect imperfectif.

On obtient alors la configuration suivante :

```
___________________////______________________0_________________
                passé simple            présent du narrateur

(___)__________________X___________________(___)
        imparfait = présence de l'énonciateur
```

Au discours direct : *Il affirma : "Vous avez tort"* (avec un verbe déclaratif appartenant à la narration au perfectif et dans le discours direct le présent de l'énonciation) se substitue le discours indirect : *Il affirma que nous avions tort* (avec le même verbe déclaratif au passé simple, mais au sein du discours, un imparfait à la fois passé pour le narrateur et présent pour l'énonciateur). Un tel imparfait sera dit **de transposition**, plutôt que "de discours indirect", car on le rencontre aussi bien dans le discours indirect libre et dans toutes les formes marginales qui ne sont pas exactement du discours indirect mais usent de ce moyen.

Selon le même mécanisme, le conditionnel présent sera utilisé pour transposer, dans le discours indirect au passé, le futur du discours direct. C'est ce que l'on nomme traditionnellement "le futur dans le passé", dénomination approximative qui ne recouvre pas tous les cas de transposition, puisque le conditionnel vaut aussi comme "passé dans le passé" et "présent dans le passé". On peut en effet construire aussi bien :

L'année dernière il affirma qu'il ferait beau hier.

L'année dernière il affirma qu'il ferait beau aujourd'hui.

L'année dernière il affirma qu'il ferait beau demain.

Ce sont successivement un passé dans le passé, un présent dans le passé et un futur dans le passé. Il sera plus simple de parler exclusivement de conditionnel de transposition.

Ce sont les mêmes lois qui valent également pour les temps composés, le plus-que-parfait de l'indicatif transposant le passé composé, et le conditionnel passé le futur antérieur.

5.4 La dérive modale de l'imperfectif de transposition

Elle intervient ensuite. Lorsque je rapporte un fait au passé simple, ce temps étant fondé en structure sur le présent de mon énonciation, c'est moi qui me pose comme caution de mon affirmation : *Il fit beau ce jour-là*, et aucun soupçon ne pèse sur la véracité de mon propos. En revanche, avec : *Il affirma qu'il faisait beau ce jour-là*, le *je* ne se fait caution que de *il affirma* et va donc bien rapporter honnêtement ce qu'il a entendu ; mais il ne garantit pas ce que l'autre a affirmé. Si on considère alors cette attitude comme délibérée, ce qui se produit mieux encore dans les formes obliques ou libres de la transposition indirecte, telles que : *Il faisait beau ce jour-là, selon lui. Il faisait beau, paraît-il. Il faisait beau, hum! hum!*, on fait naître un sentiment de suspicion qui envahit l'ensemble du propos ; celui-ci n'est plus cautionné et devient douteux. Il y a donc modalisation, puisque j'y lis l'expression du scepticisme de *je* à l'endroit du propos rapporté : le fait de "faire beau" est marqué par l'**éventualité** (= qui a pu ou non se produire).

5.5 Le cumul fonctionnel de l'imperfectif

Il n'est pas sans poser des problèmes spécifiques. On aboutit en effet, pour nous résumer, à la situation complexe suivante.

Nous sommes obligés d'avoir recours à l'aspect imperfectif, chaque fois que l'aspect perfectif est insuffisant, notamment :

– pour marquer le procès non circonscrit dans le temps, comme celui des descriptions qui nécessitent pour le moins l'aspect duratif ; mais aussi le fréquentatif et, surtout, le concomitant :

La maison avait des volets verts.
Il fumait depuis vingt ans.
Il fumait une cigarette lorsque l'assassin tira.

– pour marquer la transposition indirecte :

Il affirma que nous avions tort.
Nous avions tort selon lui.

– pour exprimer la modalité éventuelle :

Nous avions, paraît-il, tort.

Une même forme d'imparfait, choisie à dessein dans ces exemples, peut être chargée de trois fonctions : une fonction temporelle, une fonction transpositrice (ce qui relève de l'énonciation) et une fonction modale d'expression de l'éventualité. Elle est polyvalente, ce qui complique évidemment la tâche du destinataire, qui va devoir interpréter l'information et choisir celle des fonctions qui lui paraîtra la plus légitime ; ce faisant, il devra parcourir l'ensemble des fonctions possibles et les comparer pour en retenir une : ce qui signifie qu'à côté de la fonction principale retenue, se profilera, en filigrane, l'une ou l'autre des fonctions annexes, voire les deux : il y aura connotation d'une seconde, ou d'une troisième fonction.

Ainsi dans nos exemples ci-dessus, on peut mesurer quelques effets de connotation. Dans *La maison avait des volets verts*, à côté de la fonction principale qui est de dire la description, on peut noter :

– la suggestion d'une transposition indirecte : notamment si je situe l'action en 1830, il est évident que je ne suis pas le descripteur d'origine et que je ne fais que reprendre et citer une précédente description ; je dis qu'on a dit que.

– la suggestion d'un fonctionnement modal éventuel : je peux laisser percer mon scepticisme à l'endroit de cette affirmation et laisser entendre que c'est peut-être faux.

Il en résulte qu'aucun des emplois de l'aspect imperfectif n'est simple et univoque : ils relèvent tous de l'analyse et débouchent nécessairement sur une interprétation stylistique. D'autant plus que la coutume littéraire intervient ici, qui a créé pour nous des automatismes. Ainsi la fameuse expression de la concomitance dans le récit, par l'association imparfait / passé simple, constitue une recette dramatique élémentaire, mais qui marche toujours. Il suffit donc de commencer un paragraphe par un imparfait “d'ambiance” pour que le lecteur se mette dans l'attente du passé simple qu'il croit devoir automatiquement surgir. Commencer un récit par *Il pleuvait...* c'est faire attendre le surgissement d'un événement. Rien n'interdit évidemment de prolonger l'attente. On trouvera dans le volume II, *Exercices et compléments,* de nombreux exemples, commentés et à commenter, de la pratique analytique à mettre en œuvre pour le traitement des formes verbales de l'imperfectif.

5.6 La classification

Nous avons surtout présenté ici le fonctionnement de l'imparfait de l'indicatif, parce qu'il est le plus complet. Il est temps cependant de revenir au cas général de l'ensemble du système de l'imperfectif. Il souffre, nous l'avons vu, d'une incohérence de classification : deux de ses formes (l'imparfait et le plus-que-parfait) sont rangées dans l'indicatif, les deux autres (conditionnel présent, conditionnel passé) forment un "mode" à part. On peut rendre compte de cette distorsion.

Seuls l'imparfait et le plus-que-parfait ont trois fonctions possibles : leur est réservée en propre la fonction narrative qui les met en relation avec des formes de perfectif, notamment dans l'expression de la concomitance (pour l'imparfait) ou de l'antériorité (pour le plus-que-parfait).

> *La victime était en train de fermer* (ou *fermait) la fenêtre quand le coup partit.*
> *À peine le médecin était-il entré que le malade soupira.*

Ils ont donc vocation particulière à cet apparentement aux formes du perfectif, ce qui a déterminé leur entrée dans l'indicatif. Le conditionnel présent et le conditionnel passé, auxquels manque cette aptitude, n'ont donc plus en propre que la fonction transpositrice et la fonction modale ; c'est cette dernière qui a capté la dénomination et a conduit à en faire un mode.

> Un mot d'une stupide dénomination de la grammaire scolaire : il est aberrant de parler de conditionnel passé 2e forme : il s'agit d'un plus-que-parfait du subjonctif, qui a la possibilité d'entrer dans les systèmes conditionnels par *si* où il peut certes prendre la place du conditionnel passé, ce qui pourrait à la rigueur autoriser ce nom de "conditionnel passé 2e forme", si l'aptitude qu'il a à prendre également la place du plus-que-parfait de l'indicatif ne la rendait entièrement caduque.

Pour une logique absolue, il faudrait réunir ensemble les formes de l'imperfectif ; en attendant, il convient de considérer comme sans signification la classification des formes : le conditionnel n'est pas seulement modal, tout comme l'imparfait n'est pas seulement temporel.

6. La fonction modale

À côté d'un système purement temporel (le perfectif) et d'un système aspectuel (l'imperfectif) existe un système modal, qui, par soustraction, ne comporte plus que l'impératif et le subjonctif.

Certes, le système imperfectif empiète, comme nous venons de le voir, sur le domaine modal, mais il ne le fait qu'obliquement et sous forme de fonction associée, dans la dépendance des mécanismes de la transposition. Aussi devons-nous ici nous intéresser à la pure expression modale.

6.1 L'impératif

Il occupe une place à part, réservé qu'il est à la seule communication orale et au discours direct. Sa conjugaison le manifeste assez, qui le voue à l'interpellation du destinataire. Il est vrai que notre système s'est adjoint une curieuse première personne du pluriel qui est venu altérer le fonctionnement modal, puisqu'elle substitue à l'expression de l'ordre, celle, marginale, de l'exhortation. En commandant *Marchez* à ses troupes leur chef leur intime bien un ordre, mais l'hymne national, avec *Marchons*, n'est plus un ordre, mais une décision dans laquelle s'implique celui qui parle.

On ne peut envisager que chaque personne de la conjugaison ait une valeur différente : aussi est-il beaucoup plus probable que c'est dans son ensemble que le fonctionnement de l'impératif se trouve altéré et qu'il n'exprime plus qu'une forme mixte d'ordre atténué, d'injonction et d'encouragement à la fois. Tout cela fait qu'il ne forme pas système et se déploie aux marges de la grammaire, plus proche de l'énonciation que des structures de l'énoncé.

L'opposition énonciation / énoncé (on la trouve parfois sous la forme "le dire / le dit") est celle du message (l'énoncé) opposé à son acte d'émission dans la communication.

6.2 Le subjonctif

Il constitue donc la seule forme authentique d'expression de la modalité du verbe, purement modale, mais aussi seule à l'être. Il en résulte que le subjonctif est omnimodal et que toute expression de la modalité passe par lui. Ce qui signifie que, dès que le contexte ménage les conditions d'une modalisation, on doit avoir recours à lui : il devient donc un mode en dépendance, objet de contraintes sémantiques et syntaxiques. Désormais il suffit de rendre compte de ces contraintes pour expliquer l'emploi du subjonctif. On peut construire le système suivant, qui est celui du subjonctif en dépendance :

type de proposition	**facteur contraignant**
indépendante	intonation exclamative
subordonnée	
– complétive	verbe de la principale
– circonstancielle	type de subordonnée
– relative	antécédent

6.3 La concordance des temps

En principe le système modal du subjonctif n'a pas vocation à exprimer le temps. C'est ce que révèle l'aptitude du présent du subjonctif à exprimer aussi bien le présent que le futur :

Je souhaite qu'il vienne *aujourd'hui*
la semaine prochaine

Cependant, il existe un certain nombre de recommandations qui permettent de passer des autres formes verbales du système à celles du subjonctif, et qui relèvent des mécanismes de contrainte qui affectent tout subjonctif, mode dépendant. Les quatre "temps" du subjonctif sont employés relativement au contexte temporel où ils se trouvent, selon des lois que l'on nomme "concordance des temps".

Nous disons bien que la concordance concerne *les temps* du subjonctif et ne constitue nullement une justification du mode lui-même.

Forme verbale du contexte	Temps du subjonctif
Ind. présent, passé comp. Ind. futur simple, futur ant.	Subj. présent, passé
Ind. passé simple, passé ant. Ind. imparfait, plus-que-pf. Cond. présent, passé	Subj. imparfait, plus-que-pf.

Le français actuel pousse jusqu'au bout la logique non temporelle du subjonctif en ne pratiquant plus la concordance et en évinçant simplement les formes de l'imparfait et de plus-que-parfait du subjonctif. Il est vrai que celles-ci étaient mises en péril, à la fois par leur morphologie difficile et par une distorsion entre leur apparente valeur de "passés" et la fonction visiblement actuelle qu'elles avaient dans certains contextes. Ainsi devrait-on normalement dire :

Je voudrais qu'il vînt aujourd'hui.

où *Je voudrais* est simplement une forme d'atténuation polie pour *Je veux* ; quant à *qu'il vînt*, sa semblance de passé est en contradiction avec l'adverbe *aujourd'hui*. Aussi préfère-t-on :

Je voudrais qu'il vienne aujourd'hui

ce qui va entraîner :

Je voulus qu'il vienne.
J'avais voulu qu'il vienne.
J'aurais voulu qu'il soit arrivé.

6.4 Modalité et éventualité

Le subjonctif, omnimodal, est donc apte à traduire une multitude de nuances modales indéfiniment sémantisables ; la grammaire abuse souvent de cette sémantisation des fonctions en parlant de "subjonctif de crainte" (après *Je crains que...*, évidemment), de " subjonctif de souhait" (après *Je souhaite que...),* etc.

En fait, toute modalité, quelle qu'elle soit, se laisse ramener à la formule logique de l'éventualité, par laquelle on indique que le procès peut ou non avoir lieu. Sa réalisation est mise en question, discutée. Ainsi dans *Je crains qu'il ne vienne,* le locuteur dit à la fois qu'il voudrait qu'il ne vienne pas, mais qu'il viendra peut-être quand même. L'éventualité pose la question de la réalisation, tantôt plus probable, tantôt moins réalisable, mais dans tous les cas envisagée sous ces deux angles.

6.5 La logique de l'éventualité

Il se trouve cependant que notre système s'est constitué une norme logique à partir de la combinaison entre le temps et l'éventualité : suivant l'époque à laquelle elle s'applique, l'éventualité revêt une configuration logique particulière :

– appliquée au passé, et plus précisément à l'accompli, l'éventualité, c'est-à-dire la question posée de la réalisation ou de la non-réalisation du procès, est particulièrement absurde puisque celui-ci est accompli. Se poser la question de sa réalisation, c'est donc se complaire à évoquer ce qui aurait pu être et qui n'a pas été. L'éventualité appliquée à l'accompli est donc toujours un irréel du passé.

Cette valeur est celle qui est portée par le plus-que-parfait du subjonctif, par le conditionnel passé et par le plus-que-parfait de l'indicatif (pour ces deux derniers, évidemment, uniquement lorsqu'ils ont une fonction modale et non transpositrice). Dire *Je voudrais qu'il fût déjà arrivé,* c'est dire qu'il ne l'est pas encore ; dire *Ah ! s'il avait fait beau,* c'est dire qu'il n'a pas fait beau, etc.

– appliquée au présent, l'éventualité est également interprétée en français comme un irréel (du présent cette fois). Dire *S'il faisait beau aujourd'hui*, c'est dire qu'il ne fait pas beau ; dire *Je veux qu'il vienne aujourd'hui*, c'est dire qu'il n'est pas là actuellement.

Cette valeur logique de l'irréel du présent est portée par les formes du subjonctif présent et passé, celles de l'imparfait de l'indicatif, celles du conditionnel présent et aussi, par suite de l'application du mécanisme de la concordance des temps, celles de l'imparfait et du plus-que-parfait du subjonctif dans la transposition indirecte :

Il souhaita qu'elle vînt le jour même.
Il souhaita qu'elle fût déjà arrivée.

– appliquée au futur, l'éventualité est en revanche systématiquement interprétée comme un potentiel, c'est-à-dire comme un fait pouvant ou non se réaliser (quelles que soient l'invraisemblance et l'impossibilité de cette réalisation : *Ah! si Bonaparte revivait un jour.)*

Les formes porteuses de cette valeur sont les mêmes que précédemment : indicatif imparfait, conditionnel présent, subjonctif présent et passé, subjonctif imparfait et plus-que-parfait.

Ah! s'il était intelligent, il comprendrait vite.
Je souhaite qu'il vienne prochainement.
Je souhaite qu'il ait reçu ma lettre avant lundi.
Je voulais qu'il eût reçu ma lettre avant lundi.

Comme le révèle ce dernier exemple, les formes que nous retrouvons à la fois dans l'expression de l'irréel du présent et dans celle du potentiel, cumulent donc des valeurs. Il est ainsi possible d'interpréter le dernier exemple comme un irréel du présent, notamment si nous sommes un lundi :

Je voulais qu'il eût reçu ma lettre aujourd'hui.

Ce cumul des fonctions est spécialement intriguant ici puisqu'il permet de jouer sur les valeurs d'irréel et de réel à la fois, présentant le procès aussi bien comme irréalisable que comme réalisé, non réalisé et réalisable. On peut jouer à l'infini sur les valeurs plaisantes de ce fait, en ironisant sur *Ah! si tu étais intelligent!*, qui signifie à la fois l'irréel du présent (**Tu n'es pas intelligent*) et le potentiel (**Mais ça peut s'arranger*).

On résumera par un tableau l'organisation et les polyvalences du système modal.

Formes verbales	Logique de l'éventualité
Ind. plus-que-pf.	irréel du passé
Ind. imparfait	irréel du présent, potentiel
Cond. passé Cond. présent	irréel du passé irréel du présent, potentiel
Sub. présent Sub. passé	irréel du présent, potentiel et en fr. actuel, irréel du passé
Sub. imparfait Sub. plus-que-pf.	irréel du passé, du présent et, parfois, potentiel

6.6 Les périphrases verbales

On n'aura pas oublié qu'à côté des formes simples et composées (voire surcomposées) de la conjugaison verbale, viennent prendre place, dans chacun des compartiments fonctionnels, des périphrases verbales du type semi-auxiliaire + infinitif. On trouve ainsi :

– des **périphrases temporelles** : elles sont deux : celle du passé récent : *Il vient de sortir ;* et celle du futur proche : *Il va sortir* (On a pu contester leur dénomination et les regarder comme des périphrases aspectuelles ; le fait de pouvoir dire : *Il va chanter dans deux jours*, semble pourtant révéler qu'il s'agit plutôt d'un vrai futur.) ;

– des **périphrases aspectuelles** : elles se font porteuses de toutes les nuances d'aspect que la conjugaison est bien incapable d'exprimer : aspect inchoatif (= le début de l'action : *Il se mit à chanter, Il commença à chanter) ;* aspect duratif (*Il continua à chanter. Il ne cesse de chanter)* ; aspect terminatif (*Il finit de chanter. Il cesse de chanter) ;*

– des **périphrases modales**, qui sont les plus connues, et qui, malgré la diversité de leur apport, se laissent ramener à l'expression générique de l'éventualité : *Il peut chanter. Il veut chanter. Il doit chanter. Il ose chanter.*

Les périphrases mettent en œuvre le phénomène de redondance ; c'est-à-dire qu'elles tendent à cumuler les marques qui se trouvent alors en surnombre. Ainsi : *Il peut chanter*, marque le potentiel ; mais on l'écrira aussi bien : *Il pourrait chanter*, où le conditionnel présent, lui aussi porteur des valeurs de potentiel, vient doubler l'expression de la modalité.

C'est aussi pourquoi la négation, qui est elle-même une modalité, mais de la phrase, au lieu de rester normalement affectée au verbe à l'infinitif, a tendance à se porter sur l'auxiliaire. Dans : *Il ne veut pas chanter*, elle n'est guère à sa place : *il* veut effectivement quelque chose, qui est de "ne pas chanter". Au lieu de décomposer les modalités, on les synthétise, en en fabriquant ainsi sans cesse d'inédites comme dans : *Il n'a pas cru devoir chanter*, qui est une périphrase double, originale et interprétable.

Les périphrases sont sujettes à la même usure que les formes de la conjugaison ordinaire. Là où le français classique se contentait souvent de l'auxiliaire, nous procédons plutôt par redondance, en affectant cet auxiliaire des marques modales de la conjugaison. Aux grenouilles qui demandent un roi, Jupiter répond :

> *Vous avez dû premièrement*
> *Garder votre gouvernement.*

Ce que nous sommes obligés de "traduire" par **vous auriez dû garder.*

L'usure concerne le rendement même de la périphrase puisque un semi-auxiliaire comme *devoir* est susceptible de recevoir deux interprétations : *Il doit chanter* peut marquer soit l'obligation (il est obligé de chanter), soit la probabilité (il est possible qu'il chante). Nous savons que cette dérive naît du caractère uniformément éventuel de toute procédure modale ; il n'empêche que dans la narration le phénomène ne laisse pas d'être curieux, puisque en disant *Il a dû chanter*, je laisse entendre aussi bien qu'il a été obligé de le faire que la simple probabilité du fait.

La richesse du fonctionnement verbal le voue aux nuances, mais celles-ci ne peuvent apparaître, derrière les nombreux syncrétismes, que par l'analyse et la comparaison.

LE NOM

Nous avons vu dans le nom le second pôle constitutif essentiel de la proposition, dans ses relations fonctionnelles au verbe, par rapport auquel il occupe les fonctions essentielles d'agent et de patient. Reste à l'étudier dans ses caractéristiques intrinsèques. Sa spécificité interne est d'être porteur des marques de la détermination.

1. La fonction référentielle

Au sein du système linguistique, le nom est chargé de nommer les "objets" du monde réel qui constituent ses **référents**. Ce que les dictionnaires donnent comme définition du nom n'est souvent qu'une évocation allusive de l'objet dont il est le signe. Saurions-nous décrire un arbre d'après la définition du dictionnaire si nous ne savions pas déjà ce qu'il est ou si nous ne nous référions pas à une illustration éventuelle ?

> *Végétal ligneux, vivace, de grande taille, possédant une tige principale dressée ou tronc, d'où partent des branches de moindre diamètre.*

Si on observe, en outre, que le lexique comporte les noms ARBUSTE (arbre de moins de sept mètres), ARBRISSEAU (arbre de moins de quatre mètres) et même ARBUSCULE (sans précision de taille), on voit que toute notre perception du monde est structurée et passe par l'organisation du lexique, les choses qui n'ont pas de nom ne pouvant faire l'objet d'une communication.

2. Virtuel et actuel

Tel qu'il figure dans le dictionnaire où il n'est pas mis en relation avec un objet précis mais au contraire peut s'appliquer à tous ceux qui sont susceptibles d'entrer dans sa définition, le nom est **virtuel**.

Il est rarissime que nous ayons à employer le nom de cette façon ; ce n'est guère le cas qu'en linguistique, lorsque nous traitons du signe, en disant par exemple que *arbrisseau* est un mot de trois syllabes : le nom est alors employé **sans déterminant.**

Lorsque nous parlons, c'est bien pour "dire quelque chose" et en particulier pour parler "de quelque chose". Le nom est alors mis en relation avec un **référent**. Grammaticalement, cela amène la présence d'un **déterminant** dont la première fonction est d'indiquer la relation référentielle : il y a **actualisation**.

3. Actualisation et détermination

Dans la communication, le fonctionnement référentiel prend deux visages suivant que l'on fournit au destinataire :

– soit seulement les indices de l'actualisation, qui signalent la présence effective d'un référent réel, lequel reste cependant impossible à identifier pour le destinataire : *Un arbre ; plusieurs chiens ;*

– soit non seulement les indices de l'actualisation mais aussi des indications supplémentaires qui permettent au destinataire d'identifier ce référent : il y a alors **détermination complète** : *L'écrivain qui est l'auteur du* Cid. *Le film de Visconti. Cette opinion d'Aristote.*

Le mot de détermination nomme donc aussi bien l'ensemble des phénomènes (actualisation et détermination complète) que la seule détermination complète. Il conviendra de distinguer soigneusement l'actualisation de la détermination complète ou détermination proprement dite.

4. Le nom propre

Il exerce la fonction référentielle de manière pure puisqu'il ne nomme jamais qu'un seul référent avec lequel il se confond. Aussi échappe-t-il aux nécessités de la détermination : l'appoint éventuel d'un déterminant relève de la stylistique et le nom propre échappe à la catégorie du nombre : *Tahiti ; une Tahiti de rêve ; les Tahiti(s) sont rares.*

Le nom commun, lui, ne peut se passer de déterminant et se trouve nécessairement actualisé. On éprouve donc les plus grandes difficultés à l'employer de manière générique pour désigner non un objet précis mais la catégorie de cet objet. Tout se passe alors comme si le choix du déterminant devenait indifférent et on dira tout aussi bien :

Le lion est toujours dangereux.
Un lion est toujours dangereux.
Les lions sont toujours dangereux.

(En disant *Des lions sont toujours dangereux,* on voudrait plutôt signifier que les lions ne deviennent dangereux que lorsqu'ils sont plusieurs.)

Une des solutions parfois adoptées, notamment avec les abstraits, consiste à transformer le nom commun en nom propre : *Amour, l'Amour.*

5. L'absence de déterminant

Puisque le déterminant constitue une marque indispensable au fonctionnement du nom commun non virtuel, l'absence de ce déterminant est l'indice que le nom n'est plus dans sa fonction de nom : on le dit **décatégorisé**. Ses nouvelles fonctions sont alors celles :

• de l'adjectif qualificatif :
  – à la manière de l'épithète :

Un crayon de () couleur ; *de () bonne qualité.*

  – à la manière de l'attribut :

Il est () professeur.

• de constituant d'une locution verbale indissociable :

Il a () besoin d'une arme. Il a () faim. Il me rend () justice.

• de constituant d'une locution adverbiale indissociable :

Par () malheur, il l'a oublié. Il viendra avec () joie.

6. LE GENRE

Le nom est également porteur de la marque du genre dont nous ne pouvons cependant faire une caractéristique grammaticale fondamentale car elle ne s'applique pas de manière cohérente au fonctionnement référentiel. Alors qu'en anglais, par exemple, les objets sexués sont du genre de leur sexe et les objets non sexués tous du neutre, en français, le marquage de l'animé sexué se fait de façon anarchique puisque à côté de *Le chien / la chienne*, on ne trouve que *Un chacal / 0 ; 0 / Une hirondelle.* Quant au marquage des objets non sexués, il est purement arbitraire. Sa seule valeur grammaticale, encore qu'elle ne soit qu'anecdotique, est de servir à distinguer des homonymes (*Un / une page ; Un / une somme*) ou deux sens d'un même terme (*Un / une manche ; Le / la physique*).

7. LE NOMBRE

Il est en revanche une marque fondamentale et se trouve intégré entièrement dans la détermination. Le fait important est qu'alors ses marques sont confondues avec celles de l'actualisation. Cette synthèse, qui participe de la loi générale d'économie au sein du système linguistique, n'est cependant pas sans conséquence pour l'ensemble de la détermination.

Les formes du singulier de l'article indéfini, actualisateur type, sont confondues avec celles du singulier de l'adjectif numéral cardinal ; cette confusion fait que nous n'exprimons que très difficilement les différences entre “un seul” (le numéral) et “un quelconque” (l'article indéfini).

8. L'ACTUALISATION

Dans un premier temps, nous analyserons le fonctionnement de l'actualisation dans son marqueur spécifique, l'article indéfini.

8.1 L'article indéfini

Ses formes du singulier (*Un, une*) sont communes à l'adjectif numéral cardinal ; au pluriel, sa forme est *Des*, mais on peut parfois trouver *De*, qui finit d'ailleurs par gagner parfois le singulier, si bien que le paradigme de l'article indéfini s'écrit ainsi :

singulier	*un*	*une*	*de*
pluriel	*des*	*de*	

On voit que la forme du pluriel *Des* est homonyme de l'article défini contracté avec la préposition *De* ; c'est la présence nécessaire de cette préposition dans la construction du syntagme qui sert à distinguer les deux cas :

– *Le retour* ***des*** *cendres de l'Aiglon* = le retour DE (préposition introduisant le complément du nom) + LES cendres de l'Aiglon (article défini) ;

– ***Des*** *cendres recouvrirent la ville* (Pas de préposition = article indéfini pluriel) ;

– *Il parle* ***des*** *cendres de l'Aiglon* = Il parle DE (préposition introduisant le complément du verbe) + LES cendres (article défini pluriel) ;

– *Il contient* ***des*** *cendres* (Pas de préposition = article indéfini pluriel).

L'article indéfini est un pur actualisateur : il indique que le nom possède un référent réel, celui dont le locuteur veut parler, mais ce référent n'est pas identifiable par le destinataire.

8.2 Les notions continues

La confusion établie par le système entre les marques de l'actualisation et celles du nombre fait problème : comment actualiser les notions qui ne sont pas nombrables ou comptables et que l'on nomme *notions continues*? Ainsi on ne peut dénombrer **Un brouillard, deux brouillards...*, ni **Une cordialité, deux cordialités...* L'article indéfini ne peut donc être utilisé, si bien qu'après divers tâtonnements observables dans l'histoire de la langue, le français s'est doté d'un article spécial, destiné à l'actualisation des notions continues, l'*article partitif*, dont les formes sont : *Du, de la, de l', de.*

Ces formes posent trois problèmes :

– il semble que l'article partitif n'ait pas de pluriel, ou, plus exactement, que son pluriel et celui de l'article indéfini soient confondus dans la forme *Des.* C'est que l'article partitif marque un prélèvement indéterminé et donc, au pluriel, un nombre indéterminé de prélèvements indéterminés : il n'y a alors aucune différence perceptible avec l'article indéfini pluriel qui désigne une quantité indéterminée, simplement supérieure à 1.

– par conséquent, ce que nous avons dit de *Des*, homonyme de l'article défini contracté, se répète ici et gagne les formes du singulier, que l'on ne doit pas confondre avec celles de la préposition *De* suivie d'un article défini. Les procédures de distinction sont les mêmes :

> *Le retour de la chance* (prép. DE + article défini)
> *De la chance est nécessaire* (Pas de préposition = article partitif féminin)
> *Il contient de la cendre* (Pas de préposition = article partitif féminin)

– la forme de l'article partitif ne permet pas de distinguer entre deux situations, soit qu'il y ait prélèvement indéterminé sur une notion elle-même indéterminée : *Du brouillard ;* soit qu'il y ait prélèvement indéterminé sur une notion elle-même déterminée : *Il a mangé du pain qui était sur la table.* On est contraint de donner la même analyse de ces deux emplois pourtant différents. (Le passage reste cependant possible pour un même nom de la catégorie comptable à la catégorie non comptable : il y a alors changement de sens : *De la jalousie / Deux jalousies* [= treillis de fenêtre ou gâteau] ; *De la chance / Une, deux chances* [= occasions]).

8.3 L'actualisation et la négation

La négation agit évidemment sur l'expression du nombre qu'elle annule et rend égal à zéro. Cet effet sur le nombre entraîne, en raison de la solidarité entre le nombre et l'actualisation, diverses altérations dans le marquage de celle-ci par l'article indéfini et l'article partitif.

Au pluriel, au lieu de *Des*, en contexte négatif, on trouve ordinairement *De* :

Il a des enfants / Il n'a pas d'enfants.

Et de même, au singulier de l'article partitif :

Il a de la chance / Il n'a pas de chance.

Par analogie, et parce qu'il s'agit de l'expression de la quantité zéro, laquelle est indifférente au nombre, on trouvera *De*, dans les mêmes contextes, mais avec un nom nombrable au singulier, ce qui signifie que *De* prend la place de *Un :*

Il a un enfant / Il n'a pas d'enfant.

C'est la raison pour laquelle il a fallu faire figurer *De* dans la liste des formes de l'article indéfini singulier et pluriel, aussi bien que dans celle du partitif.

8.4 L'actualisation et l'adjectif qualificatif épithète antéposé

Les mêmes règles s'appliquent généralement à l'article indéfini pluriel, qui prend la forme *De* lorsqu'un adjectif qualificatif épithète précède le nom :

Il a des enfants / Il a de grands enfants.

Il devrait en être de même avec l'article partitif, mais le français actuel respecte de moins en moins cette indication et au lieu de :

*Il vend du pain / *Il vend de bon pain*

on s'aligne sur le cas précédent en utilisant le pluriel :

Il vend de bons pains

ou on conserve la forme pleine de l'article partitif :

Il vend du bon pain.

Ce qui fait que la règle ne s'applique plus guère qu'au pluriel.

On explique linguistiquement ce passage de *Des* à *De* par la fonction d'actualisateur que prend l'épithète antéposée et qui rend superflu un second marquage au sein de l'article.

8.5 Rencontre de deux *de*

Il peut arriver que, dans une construction qui requiert la préposition *De*, on doive trouver après cette préposition l'une des formes *Des, du, de la.* Théoriquement la séquence devrait donc donner : **De des ; *de du ; *de de la.* Dans la pratique, on ne les trouve jamais car la langue les réduit à un simple *De.*

*Il vécut, entouré *de des enfants* (n'existe pas)
Il vécut, entouré d'enfants

*Il vécut, entouré *de de l'affection* (n'existe pas)
Il vécut, entouré d'affection

Dans ces cas-là, *De* vaut à la fois comme préposition et comme article (indéfini pluriel ou partitif, donc singulier) : on dit qu'il y a **haplologie**.

Le mot nomme le double fonctionnement et l'appartenance à deux classes d'un même élément. On en trouve un autre cas avec la double valeur de *que*, à la fois conjonction introductrice du second terme de la comparaison et pronom relatif dans : *On lui a donné les mêmes médicaments* ***qu'****à son frère*, parfois décomposé en : *On lui a donné les mêmes médicaments* **que** (comparatif) *ceux* ***qu'***(relatif) *on a donnés à son frère*.

9. Les actualisateurs

À côté de l'article indéfini et de l'article partitif, actualisateurs types, on trouve d'autres classes de déterminants qui, comme eux, ont pour fonction d'actualiser le nom. Leur spécificité apparaîtra à travers l'analyse de l'adjectif indéfini.

9.1 L'adjectif indéfini

Cette classe d'unités s'est souvent modifiée au cours de l'histoire de la langue ; elle reste ouverte et peut être enrichie d'éléments nouveaux (certaines grammaires y font entrer des locutions comme *Je ne sais quel ; on ne sait quel*). Elle soulève une double problématique.

• Les adjectifs indéfinis entretiennent avec l'expression du nombre des relations privilégiées mais complexes ; c'est d'ailleurs le signe indubitable de leur appartenance à l'actualisation qui est couplée au nombre :

– certains n'existent qu'au singulier : *aucun ; chaque ; nul ; pas un ; plus d'un.* Anciennement pourtant *aucun* et *nul* ont pu être employés au pluriel (*S'il n'a touché aucuns fruits* [Code civil]) ;

– certains n'existent qu'au pluriel : *différents ; divers ; maints ; plusieurs ; quelques.* Anciennement, *maint, quelque* ont été employés au singulier ;

– les autres connaissent les deux nombres : *autre ; certain ; même ; n'importe quel ; quelconque ; tel ; tout.*

(On peut joindre à cette liste *quelque* et *quel*, bien qu'ils n'existent que dans les locutions conjonctives *quelque...que* et *quel...que).*

• Les adjectifs indéfinis sont diversement combinables avec les autres déterminants :

– certains ne peuvent s'employer que seuls devant le nom : *aucun ; chaque ; n'importe quel ; nul ; maints ; pas un ; plus d'un ; plusieurs.*

Chaque enfant ; aucun livre ; divers objets.

On ne range dans cette liste *différents* et *divers* qu'à condition qu'ils soient employés comme seuls déterminants ; sinon, ils sont nommés adjectifs qualificatifs. *Différentes choses* (déterminant) ; *les différentes choses* (adjectif)

– les autres sont employés tantôt seuls (de plus en plus difficilement en français moderne cependant), tantôt combinés à un autre déterminant : *certain ; même.*

Certain renard / un certain renard ; avoir même logis / les mêmes fautes.

Tout s'emploie seul au singulier, toujours combiné au pluriel.

– les derniers ne s'emploient qu'en combinaison avec un autre déterminant : *autre ; quelconque ; tous* (pluriel).

Les autres élèves ; tous les livres.

Quelconque peut se placer derrière le nom ; *tous* précède le déterminant avec lequel il se combine, alors que *autre* le suit toujours.

On doit légitimement se demander si, dans tous les cas où un adjectif indéfini se combine à un autre déterminant, il ne cesse pas d'être un actualisateur pour devenir un adjectif qualificatif. La question se justifie d'autant plus que, comme nous l'avons vu pour *différents, divers, tel*, on les nomme justement ainsi lorsqu'ils sont en combinaison. On peut aussi observer que, à l'instar des adjectifs qualificatifs, certains adjectifs indéfinis sont employables comme attributs du sujet :

Il est très quelconque. Ces faits sont certains.
Tels sont les faits.

Malgré d'évidentes analogies, la réponse à la question reste négative. La fonction de l'adjectif indéfini est attachée à une évaluation du nom au sein de la collection à laquelle il appartient : elle est toujours relative à l'ensemble, tandis que l'adjectif qualificatif décrit une qualité intrinsèque du référent. *Un livre rouge* dit une qualité inhérente à l'objet. *Un autre livre* donne une appréciation de l'objet relative aux autres objets de sa catégorie. Il s'agit donc bien d'une fonction attachée à l'actualisation : on peut cependant donner aux adjectifs indéfinis employés en combinaison avec un autre déterminant le nom d'**actualisateurs complémentaires**, en considérant qu'ils sont supprimables, alors que l'autre déterminant qu'ils accompagnent ne l'est pas.

9.2 L'adjectif numéral

Lui aussi est tellement lié à l'expression du nombre qu'il ne saurait avoir que la fonction d'actualisation. Cette classe d'unités est divisée en :

– adjectifs numéraux cardinaux : *un ; deux ; vingt et un ; trente-six ; deux cent quatre-vingt-dix-sept...*

– adjectifs numéraux ordinaux : *premier ; deuxième ou second ; vingt et unième ; trente-sixième ; deux cent quatre-vingt-dix-septième...*

Leur rôle à tous est simplement d'opposer l'unité à tout le reste, qui forme le pluriel ; leurs conditions d'emploi sont analogues à celles des adjectifs indéfinis :

– tantôt ils sont les seuls actualisateurs du nom :

Sur l'étagère, il y a trois livres.

– tantôt ils fonctionnent comme actualisateurs complémentaires (au sens où nous l'avons défini ci-dessus) :

Rendez-moi mes trois livres ; un quatrième livre.

Du fait de leur possible suppression, ces actualisateurs secondaires sont incapables de modifier la détermination du nom : *Rendez-moi mes livres* serait simplement moins précis, mais la détermination de *livres* est exclusivement celle de *mes*.

9.3 L'adjectif interrogatif et exclamatif

L'inventaire ne comprend que la seule forme *Quel(s), quelle(s),* utilisée dans l'interrogation comme dans l'exclamation. Elle laisse évidemment indéterminé le référent et ne sert donc qu'à l'actualisation. Elle n'est pas combinable à un autre déterminant, mais a, comme certains adjectifs indéfinis, la faculté de jouer le rôle d'attribut :

Quels sont les livres que vous avez rendus ?

Comme précédemment, cela ne fait pas obstacle à son analyse comme actualisateur dans les autres cas où il est employé comme déterminant du nom :

Quels livres avez-vous rendus ?

9.4 Les extensions de la classe des actualisateurs

Aux actualisateurs qui appartiennent aux listes plus ou moins fermées que nous venons de voir, il convient d'ajouter des éléments "construits", parfois inclus dans la classe des adjectifs indéfinis, mais qu'il semble préférable de classer à part.

Il s'agit, d'une part, des **quantificateurs adverbiaux**, formés d'un adverbe de quantité + *de*, qui ont l'avantage de s'employer indifféremment pour l'actualisation des notions comptables et des notions continues :

Il a beaucoup de chance (= de la chance).
Il a trop de livres (= des livres).

Il s'agit d'autre part des **quantificateurs nominaux**, qui actualisent leur nom complément au lieu d'être déterminés par lui comme c'est normalement le cas. Alors que dans *Un livre de grammaire*, "grammaire" détermine "livre", dans *Quantité de livres sont perdus*, c'est "quantité de" qui actualise "livres". Les quantificateurs nominaux indiquent sémantiquement le nombre et sont donc tantôt adaptés aux notions nombrables et tantôt aux notions continues :

Un verre de / un litre de vin (= du vin).
Un grand nombre de livres (= des livres).

10. La caractérisation

10.1 Généralités

Étape intermédiaire entre l'actualisation et la détermination complète, la caractérisation limite l'extension du champ référentiel. Quand je nomme *Un arbre / des arbres / les arbres*, les référents possibles sont multiples ; avec *Un arbre vermoulu / des arbres à grandes feuilles / des arbres qui bordent la prairie*, où le nom *arbre* se trouve caractérisé par l'adjectif qualificatif, par le complément du nom appelé complément de caractérisation ou par la proposition subordonnée relative, le choix des référents possibles est évidemment plus restreint.

Il faut bien voir que tous les noms ne sont pas placés, au regard de la caractérisation, dans la même situation : ils sont déjà plus ou moins caractérisés en eux-mêmes. Ainsi *Une marguerite* est, à lui seul, plus caractérisé que ne l'est le nom *Une fleur*, quand bien même il recevrait un caractérisant : *Une fleur blanche / une fleur à grands pétales / une fleur qui croît à l'ombre...*

Tous les termes caractérisants ne sont pas obligatoirement ni exclusivement consacrés à cette fonction : certains **adjectifs qualificatifs épithètes**, au lieu de jouer ce rôle qui est fondamentalement le leur, sont en réalité des condensations de compléments du nom : on les nomme adjectifs **relationnels**, parce qu'en effet, au lieu de décrire une qualité interne et intrinsèque du nom comme dans *Une fleur blanche*, ils établissent en réalité une relation avec un autre nom extérieur. *Les projets gouvernementaux* ne décrit ni n'évalue ces projets comme le feraient *Les projets indispensables, les projets coûteux*, mais établit un lien entre *projet* et *gouvernement* comme le ferait le complément du nom : *Les projets du gouvernement.*

Le **complément du nom** remplit soit la fonction de complément déterminatif, c'est-à-dire qu'il apporte au nom de quoi assurer sa détermination complète, soit celle de complément de caractérisation lorsqu'il ne permet pas, à lui seul, l'identification du référent : il est alors introduit par une préposition autre que *de*, généralement *à* (mais on peut également rencontrer *de* comme introducteur de ce type de compléments : *Une fleur de papier, une fleur de couleur sombre...* On voit bien qu'alors le nom n'est pas déterminé complètement puisqu'il est précédé du simple actualisateur). Quant à la **subordonnée relative**, elle aussi peut jouer les deux rôles : elle porte alors les noms de **déterminative** (lorsqu'elle détermine complètement : *La fleur que tu m'avais donnée*) ou d'**explicative** (qui caractérise sans déterminer : *La fleur, qui est périssable, symbolise la beauté).*

Les mécanismes fonctionnels que nous décrivons ne sont nullement absolus et constants, mais illustrent des tendances générales : on ne peut jamais être dispensé cependant de réflexion et d'analyse. Dans tous les cas, c'est en effet le contexte et les conditions d'emploi qui décident. C'est ainsi que *rouge* est d'abord un simple caractérisant dans *Une fleur rouge* ; mais si, dans un bouquet, il n'y a qu'une seule fleur rouge, je suis mis en situation de l'identifier par *la* et puis donc de déterminer entièrement le nom : *Une fleur rouge* devient alors *La fleur rouge.*

Un classement morphosyntaxique des caractérisants devient parfaitement aléatoire : on peut cependant s'intéresser particulièrement au cas des adjectifs qualificatifs.

10.2 L'adjectif qualificatif

On aura compris que cette étude ne concernait que le seul adjectif qualificatif épithète ; ce dernier mot mérite l'attention car il appartient aussi bien au langage de la grammaire qu'à celui de la rhétorique : c'est que l'épithète peut n'être qu'un simple ornement n'apportant aucune information nouvelle comme dans *L'herbe verte, la neige blanche.* Dans tous les cas d'ailleurs, le caractérisant ne procède d'aucune obligation, ce qui le rend apte à manifester une liberté et une gratuité qui sont effectivement d'ordre stylistique.

Au sein de cette fonction, il convient encore de distinguer entre deux positions : **l'épithète** est **liée** ou **détachée.** Cette dernière position est obligatoire lorsque le terme caractérisé est un pronom : *Rouge au milieu des autres fleurs, elle se dressait fièrement.* Par extension stylistique de cette obligation syntaxique, on peut construire l'épithète en la détachant du nom caractérisé par une pause syntaxique : *La rose, rouge, se dressait fièrement au milieu des autres fleurs.*

On sait que la grammaire nomme souvent cette fonction "apposition" ; c'est là une erreur puisque le mot doit être réservé à la seule fonction du participe présent (ou du participe passé **conjugué**) justement parce qu'il ne peut être analysé comme un adjectif qualificatif. On s'en tiendra donc à la dénomination d'épithète détachée.

Ce caractère semi-ornemental et gratuit de l'épithète fait la difficulté de sa description : on a tenté de rendre compte de la vraie valeur des adjectifs en les répartissant en deux classes :

– ceux qui apportent véritablement un surcroît d'information et que l'on peut nommer **descriptifs** ;

– ceux qui n'ont qu'une valeur ornementale et que l'on dira **évaluatifs**, encore qu'ils relèvent aussi bien d'une appréciation subjective que relative.

Un adjectif de couleur est descriptif : *Une rose rouge* ; en revanche *Une petite rose, une modeste rose* sont évaluatifs. Comme on peut le constater généralement, **l'épithète descriptive est plutôt postposée, l'épithète évaluative plutôt antéposée.** Ce que vérifient également les déplacements de certains adjectifs :

Un grand homme / Un homme grand. Un pauvre homme / Un homme pauvre.

Il y aurait donc corrélation entre la place occupée et la fonction si d'autres considérations plus floues n'intervenaient pas et qui tiennent à l'euphonie ou à l'eurythmie des séquences produites : ni **Un mot laid,* ni **Un laid mot* ne sont possibles ; *Un beau mot, Un bon mot* existent, mais non **Un mot beau, *Un mot bon.* Il faut donc tenir compte de ces contraintes dans la description et vérifier toujours si la place de l'adjectif a été délibérément et librement choisie.

C'est que des considérations stylistiques interviennent ici : dans la mesure où nous sommes libres de le faire, il peut s'avérer intéressant de présenter comme descriptive une épithète en réalité évaluative : c'est ce que fait la publicité qui encourage à l'achat en proposant *Une occasion extraordinaire* (au lieu de l'évaluatif **Une extraordinaire occasion*). Inversement, on peut vouloir présenter comme évaluatif, en l'antéposant, une épithète descriptive : au lieu d'une simple caractérisation, elle marque alors une appréciation superlative : *Cachez vos rouges tabliers*.

Les procédures descriptives consistent donc :

– à apprécier la liberté de position laissée à l'épithète liée ;

– en fonction de cela, à examiner la concordance entre la place assignée et la nature de la relation marquée par le caractérisant.

On découvre alors que statistiquement la postposition constitue de loin la place majoritairement contrainte : c'est donc celle qui sera considérée comme "normale" et, lorsque la liberté en est accordée, l'antéposition constituera un fait de style, souvent regardé comme métaphorique (*Un tableau noir / Un noir tableau*).

11. La détermination complète

Comme nous l'avons fait précédemment, nous organiserons l'étude en partant de la forme la plus typique de marquage de la détermination complète, l'article défini. Rappelons que la détermination complète signifie que le ou les référents sont alors identifiables par le destinataire.

11.1 L'article défini

Ses formes comportent un marquage du genre au singulier (*le ; la ;* mais non *l'*), pas de marquage du genre au pluriel (*les*), et des formes contractées : *à + le = au ; à + les = aux ; de + le = du ; de + les = des ; en + les = ès*.

Sa fonction primordiale, outre son marquage de l'actualisation, est donc de signaler la détermination complète. Signaler mais non effectuer : il marque devant le nom que celui-ci va être suivi d'un élément qui le déterminera. L'article se contente donc de signaler que le nom va être déterminé : sa dénomination pourrait être celle de **prédéterminant.**

Ce mot sert parfois à nommer tout autre chose et qui parfois est un "déterminant" secondaire précédant un déterminant, comme ci-dessus dans *tout autre chose* : déterminant secondaire semble suffisant.

Le terme servant à déterminer peut être un complément déterminatif, un adjectif qualificatif déterminatif, par exemple relationnel, ou une proposition subordonnée relative déterminative :

Le chapeau de mon père.
*La rose rouge (*unique dans le bouquet).
L'homme qui a écrit ce livre.

Cette donnée fondamentale et qui révèle bien que toute détermination est relative et se trouve dans le contexte, va connaître une extension fonctionnelle remarquable. L'article défini prédéterminant va pouvoir être utilisé de manière à créer l'attente d'un complément destiné à achever la détermination et qui cependant ne viendra jamais : pris au piège, le destinataire est obligé de regarder le nom comme déterminé alors que les moyens de cette détermination sont absents : il est contraint d'y suppléer et de puiser le référent réel dans l'univers de ses connaissances. On parle alors de "notoriété", notamment pour les abstraits qui sont réputés faire partie des connaissances innées de l'honnête homme (*La jalousie*) et on rejoint par là, souvent, la valeur générique de l'article désignant des virtuels, mais aussi, dans la langue de la publicité notamment, la création d'un appel d'information implicite (*Le club*) : le nom commun est alors traité comme un nom propre, comme s'il impliquait sa propre détermination. On peut traiter de la même manière les emplois semi-lexicalisés de l'article défini, comme dans *Prendre la fuite.*

On est peu éloigné d'un autre emploi par économie, qui nous recommande d'utiliser l'article défini devant les noms dont la relation à un possesseur est évidente (*Hausser les épaules. Se laver les mains*). L'emploi du possessif n'y est pas nécessaire.

(Il faut marquer ici une pierre d'attente : nous reviendrons à l'article défini après l'étude de l'adjectif démonstratif.)

11.2 L'adjectif démonstratif

On voudrait parfois préférer la dénomination d'"article démonstratif" pour souligner la parenté de ses emplois avec l'article défini dans le marquage de la détermination complète ; c'est là une innovation inutile car, à la différence de l'article, l'adjectif démonstratif ne se contente pas de marquer une détermination que viendrait achever ultérieurement un complément, il marque cette détermination et l'effectue en même temps.

	masculin	**féminin**
singulier	*ce ; cet* *ce, cet...-ci* *ce, cet...-là*	*cette* *cette...-ci* *cette...-là*
pluriel	*ces* *ces...-ci* *ces...-là*	

On remarque essentiellement la coexistence de formes marquées en proximité / éloignement et de formes non marquées.

L'adjectif démonstratif n'appartient en propre qu'à la communication orale puisqu'il s'accompagne normalement d'une désignation par des moyens non linguistiques ; en disant *Prenez cette chaise*, j'effectue un geste ou une mimique qui indique à mon interlocuteur de quel siège je veux effectivement parler : le référent se trouve montré et le démonstratif, dans cet emploi, est très exactement un **déictique.** Evidemment le texte écrit, dans un dialogue parfaitement mimétique d'un dialogue réel, peut utiliser les mêmes moyens expressifs ; mais alors le référent n'est pas réellement présent et c'est l'usage de cet instrument déictique venu de l'oral qui suffit à lui seul à susciter le décor et les gestes. L'adjectif démonstratif est alors employé comme **embrayeur.**

> On gardera l'exactitude de la terminologie en parlant de **déictique** pour l'usage oral et d'**embrayeur** pour l'usage écrit, et cela dans tous les cas, qu'il y ait ou non une aide fournie par le contexte (comme, par exemple, avec : *Prenez cette chaise, dit-il en me désignant celle qui se trouvait à côté de lui).*

Mais il est bien certain qu'à l'écrit nous pouvons encore nous servir de l'adjectif démonstratif dans bien d'autres cas que dans l'imitation d'un dialogue direct. Il s'agit d'emplois dérivés de la situation historique dans laquelle s'est trouvé l'adjectif démonstratif et qu'il nous faut rappeler sommairement.

Jusqu'au XVIe siècle encore, le système des démonstratifs est fondé sur l'opposition de deux formes, une forme en *cest* et une forme en *cel*, dont la première marque la proximité et la seconde l'éloignement. Ces formes peuvent être utilisées aussi bien comme adjectif que comme pronom (cf. Rabelais : *Non est ceste-cy* = emploi de la forme *cest* comme pronom ; *par icelle perte* = emploi de la forme *cel* comme adjectif).

La progressive spécialisation de la forme *cest* comme adjectif, et de la forme *cel* comme pronom amène la perte du marquage en proximité / éloignement, compensée ensuite par l'adjonction des particules adverbiales, "-ci" pour la proximité, "-là" pour l'éloignement.

Notre forme actuelle d'adjectif démonstratif a donc été antérieurement capable de jouer également le rôle de pronom ; c'est là-dessus que s'est fondée sa valeur dans le texte écrit : on emploie l'adjectif démonstratif comme déterminant de la détermination complète devant les noms qui ont déjà été employés ou évoqués antérieurement dans le contexte. Ainsi je parlerai d'*un homme* et quelques lignes plus bas, considérant que le référent est désormais relativement identifiable, je pourrai parler de *cet homme* : il s'agit bien alors de celui dont j'ai parlé antérieurement. On notera que l'effet serait exactement le même si, sans répéter exactement le même nom, son identité restait perceptible, comme à travers : *cet individu, ce personnage...* On dit alors que le déterminant est **anaphorique**. Pour que le mécanisme puisse s'exercer efficacement, il convient que l'écart entre l'occurrence et sa reprise n'excède pas nos capacités mémorielles : une dizaine de lignes environ.

Plus rarement, parce que contraire à la démarche de l'écriture et de la lecture, il peut y avoir anticipation de l'emploi du démonstratif pour déterminer un nom qui sera repris et commenté ensuite. Je peux dire et écrire : *Je vais vous expliquer ce point*, et n'exposer qu'ensuite ce dont il s'agit ; la fonction est alors **cataphorique**.

> On a tout intérêt à distinguer le mécanisme cataphorique de celui du prédéterminant. Dans ce dernier l'élément déterminatif indispensable se présente sous les espèces d'un complément subordonné au nom ; dans le cas du mécanisme cataphorique, il y a, au contraire, indépendance des deux éléments mis en relation :
>
> *Je vais vous expliquer ce point : comment distinguer ces deux emplois.*

Anaphorique ou cataphorique, le mécanisme de la référence intracontextuelle relève de ce que l'on nomme **endophorique** et s'oppose à l'**exophorique**.

Il est en effet possible d'utiliser l'adjectif démonstratif alors que rien dans le contexte ne fait écho au nom déterminé. On se retrouve alors dans la situation évoquée précédemment et qui est celle de l'embrayeur : le nom est traité comme s'il était entièrement déterminé, alors que rien dans le contexte ne vient assurer cette détermination ; force est alors au destinataire de pallier cette lacune en assurant lui-même l'identification du référent et en créant celui-ci de toutes pièces. Si un récit commence par *Ce jour-là, il faisait très beau dans cette région*, les embrayeurs posent comme réelles des coordonnées qui se suffisent à elles-mêmes et que le lecteur est amené à inventer au gré de son imagination. L'emploi de l'adjectif démonstratif comme embrayeur crée une nouvelle fonction à caractère stylistique, celle de susciter le référent à partir du nom qui l'évoque : ce n'est plus le référent qui appelle le signe linguistique, c'est, à l'inverse, le mot qui suggère la chose.

11.3 L'adjectif démonstratif et l'article défini

Il se trouve encore que le démonstratif et l'article défini, réunis dans le marquage de la détermination complète, ont également une origine commune, le démonstratif *ille*. Il en résulte une capacité à échanger leurs fonctions au sein du système :

article défini	**adjectif démonstratif**
prédéterminant	déictique / embrayeur
substitut du possessif	anaphorique / cataphorique
article de notoriété	exophorique / embrayeur

Dès lors on va pouvoir trouver aussi bien l'adjectif démonstratif en fonction de prédéterminant (*Je connais le / ce chemin du moulin)* que l'article défini en fonction d'embrayeur *(La / cette matinée était superbe).*

Bien entendu c'est l'emploi propre qui reste le marquage le plus neutre : la pluralité de leurs fonctions respectives engage chacun de ces deux déterminants dans un réseau d'associations fonctionnelles qui détermine pour chacun d'eux des connotations différentes. C'est ainsi que, dans les exemples précédents, *ce chemin* possède des connotations d'embrayeur, tandis que *la matinée* revêt une valeur de notoriété et d'emphase.

11.4 L'adjectif possessif

Sa spécificité morphologique est d'être triplement marquée : en genre et en nombre, par quoi il est apte à marquer l'actualisation, mais aussi en personne, ce qui le rapproche des pronoms personnels. Marqueur de la détermination complète, il assure également cette fonction en établissant une relation entre deux termes, le "possesseur" et l'"objet possédé" : c'est cette relation qui est déterminative, à la manière d'un complément du nom, puisqu'on peut établir le parallélisme entre *Son stylo* et *Le stylo de lui*. Le nom de "possessif" est évidemment abusif, puisque les relations marquées sont souvent quelconques et non exactement possessives : *Sa chute fut terrible. Cette source est bonne, son eau est pure.* Très souvent, la relation marquée est de type affectif : *Mon cher ami.*

11.5 L'adjectif relatif

Il n'est plus qu'une survivance, mais montre la parfaite cohérence du système. C'est un pur anaphorique : *Nous avons arrêté l'homme, lequel individu nous a déclaré...* C'est la langue des procès-verbaux.

11.6 La pluralité des fonctions

Ce qui domine dans la détermination complète c'est l'aptitude des déterminants à marquer chacun plusieurs types de fonctionnement. Nous avons déjà vu que cette configuration entraînait un mécanisme de connotation. Certes, dans chaque emploi précis, il n'y a jamais qu'une fonction dominante, mais la présence, à l'état latent, des autres fonctions possibles modifie le rendement fonctionnel en associant à cette fonction dominante des fonctions secondaires ou connotations.

Ce point est spécialement sensible avec les adjectifs démonstratifs. La proximité y est normalement exprimée par les formes en *-ci*, l'éloignement par les formes en *-là* ; la proximité est également interprétée comme cataphorique, l'éloignement comme anaphorique (*Après ce problème-là, voyons ce problème-ci*). Mais sur tout cela se greffent des valeurs affectives : la proximité est jugée emphatique, l'éloignement péjoratif (*Ne prenez pas ces livres-là, prenez plutôt ce livre-ci*). Seulement lorsqu'on emploie une forme non marquée en proximité ou éloignement, elle vaut aussi bien pour l'un et pour l'autre : *Ah! ces gens!* est aussi bien mélioratif que péjoratif.

Il ne faudrait donc pas apprécier la détermination en général de manière catégorique : il existe entre les fonctions posées ici une relative porosité, qui requiert beaucoup de souplesse dans l'analyse. C'est ainsi que si j'explique que *Jean marche du côté gauche de la route*, la forme contractée *du* marque la détermination complète, dans un rôle de prédéterminant, appuyé à la fois par *gauche* et par *de la route.* Si je poursuis en disant que *Pierre marche de l'autre côté,* le mot *côté* se trouve alors déterminé grâce à l'adjectif indéfini *autre*, qui, bien que simple actualisateur, par référence au réel, une route n'ayant que deux côtés possibles, se montre capable exceptionnellement de signaler l'identification du référent, le côté droit ; d'où l'apparition de l'article défini, signal de cette détermination complète. Mais en même temps, ces deux articles définis développent par connotation une valeur d'embrayeur, confirmée par le même emploi d'embrayeur devant *route*.

L'engrenage des mécanismes de la détermination fait leur richesse et l'infinité des nuances dont ils sont porteurs.

LE PRONOM

Comme précédemment, on commencera par une critique de la dénomination de “pronom”, dont on dit simplistement que ce sont des mots “mis à la place du nom”, ce qui est aussi faux qu'insuffisant. Ces termes nous placent dans le mécanisme général dominant de la représentation, qui est également assurée par des adverbes comme les adverbes de lieu (*Il y avait une armoire ; il s'est caché dedans. Dedans* représente *armoire*) ; des verbes comme le verbe vicaire *faire (J'ai chanté ; il l'a fait aussi : faire,* ou plutôt *le faire*, représente *chanter*). Mais la représentation n'est pas toujours la reprise formelle d'un élément placé antérieurement dans le contexte : elle peut également se fonder sur le mécanisme de l'**embrayeur** qui trouve directement son référent dans la réalité de la situation de communication, sans passer par le contexte : les pronoms sont alors des **nominaux.** Il convient donc d'abord de distinguer ces deux fonctions.

1. Les nominaux

Ils appartiennent à toutes les sous-classes de pronoms, mais sont particulièrement précieux dans celle des pronoms personnels.

1.1 Les pronoms personnels

Cette classe de pronoms cumule les marques morphologiques puisqu'on y trouve celles du genre et du nombre, inégalement distribuées, celles de la personne, celles de la fonction (sujet ; complément direct ; complément indirect) et celles des formes toniques / atones, parfois nommées disjointes /

conjointes puisqu'elles opposent des formes aptes à figurer après préposition ou à fonctionner seules comme mot-phrase, les formes disjointes, à celles qui sont toujours dans l'orbite du verbe, les formes conjointes. On trouvera le tableau des formes dans le volume d'*Exercices et compléments,* mais on peut montrer sur les formes de la première personne un échantillon de la distribution.

Je : pas de marque de genre ; marqué simultanément en personne et comme singulier ; fonction sujet ; forme atone.

Me : pas de marque de genre ; première personne et singulier ; fonction complément direct ou indirect (il contient alors implicitement *à*) ; forme atone.

Moi : pas de marque de genre ; première personne et singulier ; fonction complément indirect après préposition, mais sert de forme tonique au sujet *je*.

***Je** chante*	sujet
*Il **me** bat*	complément d'objet direct
*Il **me** donne un livre*	complément d'attribution
*Ce livre est **pour moi***	complément prépositionnel
***Moi**, je suis étonné*	sujet redoublé

Les pronoms personnels comportent, par-delà cette diversité morphologique, une opposition fondamentale entre les deux premières personnes et la troisième. Cette dernière est faite de représentants, alors que les deux premières sont celles de nominaux.

• **Je** et **tu** sont des nominaux : ils désignent directement leurs référents dans la situation de communication. *Je* est en effet le nom que se donne celui qui parle ; *tu* est le nom qu'il donne à celui à qui il s'adresse. Aussi, dans une situation de dialogue, chacun des interlocuteurs est-il alternativement *je* et *tu*.

La transposition de ces faits dans le texte écrit donne lieu à divers accommodements ; puisqu'il y a désignation directe du référent, il importe que le lecteur soit dûment informé des conditions et des protagonistes de la situation de communication ; des artifices typographiques comme le passage à la ligne et le tiret à chaque changement de locuteur, mais aussi les incises sont là pour favoriser l'identification du référent. Avec le discours indirect en revanche la narration finit par primer sur le discours et les nominaux ne sont plus utilisables :

Il me dit : "Je suis content." "Je suis content", me dit-il.
Il me dit qu'il était content.

• **Nous** et **vous** : la dénomination de pluriel, si elle est commode, ne leur convient guère, surtout pas à *nous*, puisque, même en supposant que plusieurs *je* prennent ensemble la parole, ils ne disent pas *nous* lorsque chacun dit *je*.

Il s'agit en fait d'un ensemble indéterminé de personnes : *nous* comporte obligatoirement *je*, auquel s'ajoutent soit *tu*, soit *il*, soit *ils*, soit l'un ou l'autre :

Toi et moi, nous nous promenons.
Lui et moi, nous nous promenons.
Eux et moi, nous nous promenons.
Toi, lui et moi, nous nous promenons.
Toi, eux et moi, nous nous promenons etc.

Vous est fait obligatoirement de *tu*, auquel s'ajoutent éventuellement *il* ou *ils*. On peut cependant imaginer aussi que parfois *vous* est véritablement l'addition de plusieurs *tu* : c'est notamment le cas lorsqu'on s'adresse à un auditoire.

Cette propriété de *nous* et *vous* de comporter nécessairement *je* et *tu*, est à l'origine d'un procédé fort banalisé, dans lequel on utilise *nous* pour *je* (= *nous* de majesté ou de modestie) et *vous* pour *tu* (= forme de politesse).

Ces faits concernent évidemment l'ensemble des formes (toniques, atones, sujets, compléments) des pronoms de la première et de la deuxième personne.

1.2 Les autres nominaux

Les autres classes de pronoms contiennent des formes qui sont également susceptibles de fonctionner comme nominaux ; il ne s'agit pas alors d'emplois exclusifs, mais d'une possibilité, utilisée en alternance avec de vraies représentations. Cela se produit chaque fois que c'est le référent réel qui se trouve directement convoqué. Ainsi, le pronom interrogatif *qui* peut être utilisé non pour attendre un représenté, c'est-à-dire la nomination d'une personne, mais simplement pour désigner directement une personne indéterminée : *Qui pourrait le dire?* peut aussi bien commuter avec **Personne ne pourrait le dire*. On voit que les nominaux non personnels sont porteurs de référents indéterminés.

On peut se demander s'il convient de créer une catégorie à part pour des nominaux qui désignent directement des référents non animés, comme *rien, tout...* ; cette procédure ne paraît pas nécessaire, qui multiplie les sous-classes et on parlera indistinctement de nominaux dans tous les cas de référents directement évoqués, qu'ils soient animés ou non animés. On peut alors passer en revue les formes susceptibles de remplir ce rôle.

Les pronoms indéfinis

On distinguera ceux qui sont toujours nominaux : *on, autrui, personne, quelqu'un, quiconque,* de ceux qui le sont en alternance avec des emplois de représentants. Ainsi, dans *J'ai deux stylos ; l'un est noir, l'autre rouge, l'un / l'autre* sont des représentants du mot *stylo*. Mais dans *Aimez-vous les uns les autres, les uns / les autres* sont des nominaux qui désignent des référents indéterminés, exactement comme *vous*. On peut ranger dans cette série : *certains, aucun (*surtout dans des tours comme *aucun de vous, aucun d'entre nous, d'aucuns), nul, personne, chacun, plusieurs, tel* (on aura remarqué que comme *aucun*, ces pronoms nominaux ont parfois besoin de l'appoint d'un complément qui en souligne le caractère nominal ; on le verra plus bas avec les pronoms déterminatifs).

Il convient d'y ajouter les nominaux du non animé : *rien, quelque chose, tout.*

Les pronoms démonstratifs

Ce sont les formes dépourvues des marques de la proximité et de l'éloignement et que l'on nomme "pronoms déterminatifs" , parce qu'ils ne peuvent être employés sans complément subséquent (*celui qui... ; celui de...*) qui jouent ce rôle. En revanche, tous les neutres, marqués ou non (*ceci, cela, ça, ce*), ont naturellement tendance à être employés comme nominaux :

Ceux qui pensent ainsi ont tort (= les personnes qui).
Comment ça va ? (= votre situation actuelle).
C'est une belle journée (= en ce moment, ici).

Les pronoms possessifs

Les emplois comme nominaux sont relativement rares ; aussi sont-ils lexicalisés : on emploie *les miens* pour désigner ses proches, et on a pu, dans la langue classique, dire *le mien, le sien*, pour dire mon / son argent, mes / ses richesses.

Les pronoms interrogatifs

On a vu que *qui* pouvait s'employer comme nominal indéterminé de l'animé ; il en va de même, pour le non animé, de *que, quoi* :

Quoi de plus simple que cette remarque.
Que ne dit-il pas ?

Les pronoms relatifs

Bien qu'ils entrent également dans une autre problématique, il est possible de faire remarquer que les relatifs sans antécédent sont capables de porter en même temps la désignation référentielle qui en fait des nominaux. Ainsi le *qui* des proverbes, par exemple :

Qui dort dîne

se fait-il porteur de la désignation d'un référent animé, indéterminé. On peut dire la même chose de *où* dans le domaine du non animé :

Je sais où le trouver (= à quel endroit).

Il ne semble pas en revanche que le pronom complément *que* soit susceptible de jouer ce rôle.

2. Les anticipants

Il paraît nécessaire de faire une remarque sur les pronoms interrogatifs qui sont les seuls dans le système à présenter la particularité d'anticiper sur ce que l'on ne peut plus guère appeler un "antécédent". Dans le jeu normal de la conversation, ils appellent en effet de la part de l'interlocuteur une réponse qui devrait contenir le terme qu'ils attendent et qui devient alors leur représenté :

– *Qui est venu ?*
– *Pierre.*

Mais il faut bien voir que très souvent ces règles sont transgressées et que l'emploi de l'interrogation n'attend pas de réponse ou n'en obtient pas. Il ne reste alors en propre au pronom interrogatif que de signifier ce qui lui est attaché, c'est-à-dire l'animé pour *qui* et le non animé pour *que.*

– *Qui l'eût cru ?*
– *Que n'a-t-il pas dit ?*

Les mêmes remarques peuvent être faites sur les adverbes interrogatifs, eux aussi susceptibles soit de servir d'anticipants, soit d'être employés "à blanc", sans que cette fonction s'exerce vraiment.

On opposera :

– *Comment est-il venu ?*
– *À bicyclette* ;

à

– *Comment vous remercier ?*

qui n'attend pas de réponse.

3. Les représentants

Dans leur grande majorité les pronoms sont des représentants, fonction qui d'ailleurs a fondé leur définition. Dans ce rôle, ils reprennent un élément du contexte.

3.1 Anaphoriques et cataphoriques

L'ordre linéaire général de la lecture comme de l'écriture nous fait regarder comme "normal" le fonctionnement anaphorique dans lequel le pronom reprend un élément qui a été cité précédemment ; l'ordre inverse, dans lequel le représenté sera cité ultérieurement, est ressenti comme artificiel et rhétorique et n'est d'ailleurs pas prévu pour les diverses catégories de pronom, sauf pour les démonstratifs. On n'utilisera donc le terme de **cataphorique** que pour cette classe. Ce n'est pas qu'on ne puisse parfois se servir de l'ordre artificiel représentant / représenté pour d'autres catégories, mais dans ce cas la figure est flagrante et on parlera, pour cette forme d'inversion, de **prolepse.**

Je vais vous expliquer ceci : comment reconnaître un déterminant ?
Je le savais que vous reconnaîtriez ce déterminant.

Dans le premier cas, il y a fonctionnement cataphorique de *ceci* ; dans le second, prolepse de *le.*

3.2 Déterminé et indéterminé

Si le plus souvent le pronom représente un nom, un mot, il se peut aussi qu'il serve à reprendre tout un syntagme, toute une proposition, une phrase, voire un énoncé entier. On peut ainsi comparer l'extension des représentés dans les exemples suivants :

On a dansé une valse ***qui*** *m'a plu ; elle m'a plu* (le représenté est "valse") ; ***cela*** *m'a plu ; je m'en suis réjoui* (le représenté est "danser une valse") ; *il n'en doutait pas* (le représenté est "que je me réjouirais de danser une valse"), etc.

Il se peut même que revienne au destinataire ou au lecteur le soin d'extraire d'un paragraphe, le ou les éléments qui peuvent être regardés comme le ou les antécédents du pronom. La difficulté des représentants est bien l'identification mécanique du terme représenté. À cet égard les pronoms neutres, les anticipants et les pronoms adverbiaux *en* et *y* posent souvent le problème de l'identification de leur représenté.

3.3 Les pronoms interrogatifs

Nous avons déjà vu en quoi ils pouvaient relever des nominaux et comment ils offraient la particularité de l'anticipation. Reste à voir comment ils assurent la liaison avec leur représenté.

Les deux formes fondamentales *qui* et *que* sont opposées entre elles comme forme de l'animé / forme du non animé ; en principe leur opposition n'est pas fonctionnelle et *qui* s'emploie aussi bien comme sujet que comme complément :

Qui est venu ?
Qui as-tu battu ?
À qui parlais-tu ?

Pour *que,* les choses sont moins simples puisqu'il s'emploie comme complément direct, le complément indirect étant assuré par *quoi* ; mais il a pu s'employer aussi comme sujet, comme en témoigne la probable survivance de *Qu'importe*.

Cette situation aurait dû conduire La Fontaine à écrire, interrogeant sur le non animé sujet :

**Que fait l'oiseau ? C'est le plumage.*

Nous aurions tous compris cette forme comme une forme complément direct ; aussi le fabuliste a-t-il écrit :

Qui fait l'oiseau ? C'est le plumage.

voulant signifier par là, non l'animé, mais la fonction sujet. L'attention est ainsi attirée sur une difficulté évidente du système qui va conduire à sa transformation. Désormais nous écririons ici :

Qu'est-ce qui fait l'oiseau ? C'est le plumage.

Nous avons ainsi produit une locution pronominale interrogative complexe, qui assure le double marquage sémantique et fonctionnel :

qui est-ce qui (animé sujet)	*qui est-ce que* (animé compl.)
qu'est-ce qui (non animé suj.)	*qu'est-ce que* (non animé compl.)

Dans ces locutions, le premier élément *qui / que* marque l'opposition sémantique animé / non animé ; le second élément *qui / que* marque, lui, l'opposition fonctionnelle sujet / complément. On obtient ainsi des outils fiables, qui annoncent clairement le représenté.

Lors du passage à l'interrogation indirecte, les équivoques précédentes ont moins lieu d'être : *qui* reste inchangé, mais *que* devient *ce que* :

Que voulez-vous ?
Je vous demande ce que vous voulez.

Retenons bien que la locution pronominale interrogative *ce que* forme un tout indissociable, utilisable seulement dans l'interrogation indirecte, et assurant en même temps la subordination d'une proposition complétive.

3.4 Les pronoms relatifs

Leur fonctionnement est exemplaire du mécanisme anaphorique : la grammaire normative recommande de les faire suivre immédiatement de leur représenté, qui mérite alors le nom d'antécédent. Outre leur fonction de représentation, ils jouent un rôle grammatical dans la proposition relative. À cet égard, l'opposition entre *qui* et *que* (homonymes des pronoms interrogatifs) est cette fois une opposition fonctionnelle puisque *qui* est utilisé comme sujet, qu'il représente l'animé ou le non animé, et *que* pour les autres fonctions. Cette loi est cependant battue en brèche par des considérations sémantiques : il arrive, quand l'antécédent est un animé, que ce soit *qui* qu'on utilise, même en fonction de complément :

L'homme à qui j'ai parlé (au lieu de **auquel*).

À ces fonctions vient s'en ajouter une troisième : le pronom relatif est un subordonnant qui introduit une proposition complément de l'antécédent. La problématique intéressante ici est de définir la valeur déterminative ou non de cette proposition. Le problème peut se formuler ainsi : à l'instar des compléments du nom qui sont soit de détermination (*Le chapeau de mon père*), soit de caractérisation (*Un chapeau de feutre*), ou encore à l'image des adjectifs qualificatifs qui tantôt déterminent et tantôt ne le font pas, il convient d'opposer les relatives déterminatives aux relatives explicatives. Deux critères interviennent alors, qui ne concernent que les apparences de la structure de surface :

– l'existence d'une pause syntaxique entre l'antécédent et la relative, marquée par la ponctuation ou par l'intercalation d'un élément :

Elle, qui était surprise, ne répondit pas.
La reine, alors, qui fut surprise, ne répondit pas.

– la présence devant l'antécédent d'un déterminant, marqueur de la détermination complète et qui ne peut s'expliquer que par l'action de la subordonnée :

Les objets qui sont sur la table m'appartiennent.

Il est évident qu'en l'absence de toute pause syntaxique ou de tout déterminant de la détermination complète, on a affaire à une subordonnée relative déterminative : mais il n'est rien de plus usuel que de créer une distorsion (stylistique) entre les apparences que nous venons de décrire et la réalité fonctionnelle. On peut ainsi donner un contenu déterminatif à une proposition en apparence explicative (il y a alors litote puisqu'on marque le moins pour désigner le plus) et inversement. La loi qui voudrait que les déterminatives soient restrictives et ne puissent être supprimées, tandis que les explicatives seraient non restrictives se heurte donc aux déviations stylistiques. Une analyse raisonnable devra rendre compte des apparences selon les deux critères précédemment définis, puis vérifier s'il y a convenance aux valeurs restrictives / non restrictives.

Aux pronoms relatifs simples s'ajoutent les relatifs composés (préposition + *lequel*). À cet égard, *où* et *dont* occupent une position particulière. Leur origine adverbiale leur permet de marquer la valeur circonstancielle de provenance pour *dont* et celle de destination pour *où* ; comme ces mêmes valeurs peuvent s'exprimer aussi bien par *duquel, de laquelle,* etc. et par *auquel, à laquelle...*, ils sont ressentis comme équivalents à ces dernières constructions, selon le schéma : *dont* = *de* + représentation ; *où* = *à* (ou *en, dans*) + représentation. À partir de quoi les deux pronoms relatifs acquièrent la capacité de marquer n'importe quelle relation marquable par les prépositions *de* et *à, en, dans.*

L'endroit dont il venait (complément d'origine)
" *dont le souvenir l'obsédait* (complément du nom)

Deux considérations viennent troubler le jeu cependant : d'une part au cours de l'histoire de la langue *dont* s'est confondu dans la prononciation avec *d'où* qui l'a remplacé dans la plupart des emplois où il représente un lieu ; d'autre part, *dont* s'est banalisé. Il n'en va pas de même de *où* qui reste pour ces deux raisons le seul instrument de représentation du lieu après *à* et se montre incapable de marquer les autres valeurs ; aussi construit-on : *L'endroit où il va, où il demeure,* mais : *L'endroit auquel il pense.*

Le pronom *où* connaît un autre emploi : il peut être utilisé sans antécédent ; il est alors cumulatif puisque à lui seul il suggère un antécédent nommant un lieu et en assure la nomination :

Je sais où il se rend.

Il en résulte un véritable bouleversement dans le fonctionnement du pronom : dès lors qu'il est cumulatif, il ne garde que sa fonction grammaticale dans la subordonnée, mais perd évidemment :
– son aptitude à représenter un antécédent qui n'a plus d'existence formelle ;
– son aptitude à introduire une subordonnée complément de cet antécédent.

On doit alors tenir le pronom cumulatif pour autonome et c'est en cela qu'il se rapproche d'un fonctionnement d'embrayeur, évoquant directement une idée de lieu. Quant à la subordonnée relative, que l'on dira substantive, elle entre dans la série des complétives et fonctionne, par exemple ici, comme complément d'objet.

Cette description s'étend aux formes neutres *ce qui, ce que, ce dont, ce à quoi,* etc. Ces formes sont cumulatives ou, plus exactement, puisqu'elles sont en deux mots, décumulatives : elles acquièrent une sorte d'autonomie qui leur permet d'introduire des relatives dites "substantives", qui sont des complétives. Cette autonomie peut aller jusqu'à l'indépendance de la proposition, comme dans *Il m'a aidé à faire mon exercice ; ce qui a bien accéléré les choses*. Le relatif décumulatif n'est plus alors qu'un simple coordonnant, un relatif de liaison.

On sait que la grammaire traditionnelle décompose souvent *ce* et *qui, que* dans l'analyse. Nous avons vu dans l'étude des pronoms interrogatifs que *ce que* était indécomposable puisqu'il est la forme de *que* dans l'interrogation indirecte. C'est lui qui explique les autres formes et notamment le passage à *ce qui* par l'intermédiaire de *ce que*, mal interprété dans des phrases comme *Je sais ce qu'il lui est arrivé,* compris comme **ce qui lui est arrivé.*

3.5 Les pronoms démonstratifs

Cette classe est, nous l'avons vu, à cheval sur le fonctionnement de nominal et celui de représentant. La fonction de représentation offre quelques particularités :

• À côté de formes authentiques et pleines, on trouve des formes incomplètes, dépourvues des marques de proximité et d'éloignement, et qui sont des pronoms déterminatifs, nécessairement suivis d'une détermination apportée par un complément ou par une proposition subordonnée relative. Ce sont ces pronoms démonstratifs qui, souvent, jouent un rôle de nominal indéterminé, mais peuvent néanmoins servir également de représentants :

Connaissez-vous ce roman ? C'est celui de mon voisin.

• Les pronoms démonstratifs représentants sont susceptibles de fonctionner comme anaphoriques ou comme cataphoriques : *-ci* est cataphorique et marqueur de la proximité ; *-là*, anaphorique et marqueur de l'éloignement. Ces valeurs sont interprétables psychologiquement, comme emphatiques ou péjoratives.
• Le paradigme des pronoms démonstratifs comprend un neutre, marqué (*ceci, cela, ça*) et non marqué (*ce*). Cette dernière forme donne lieu à divers errements descriptifs qu'il convient de redresser. On distinguera absolument deux types d'emplois. *Ce* est incapable d'autonomie et on ne le rencontre jamais que conjoint :

– aux relatifs, avec lesquels il va former une locution pronominale décumulative, indécomposable et porteuse des valeurs signalées ci-dessus ;

– au pronom interrogatif *que*, avec lequel il forme le pronom de l'interrogation indirecte ;

– à la conjonction *que* lorsque celle-ci devrait suivre immédiatement une préposition ; *ce* sert alors de démarcatif entre la préposition et la conjonction :

Je m'attends à ce qu'il vienne.

– au verbe être. Dans ce dernier cas il connaît quatre emplois, à distinguer rigoureusement :

▷ Il constitue, sous les formes : *c'est...qui ; c'est...que ; c'est...à quoi ; c'est...dont etc.* une locution présentative inanalysable et destinée exclusivement à isoler un terme ou un syntagme, ainsi mis en relief.

Ce n'est pas **lui** *qui a fait cela. C'est* **là** *que je vais.*
C'est **ce point** *dont je voudrais vous parler.*

Simple ornement, le présentatif est supprimable :

Il n'a pas fait cela. Je vais là. Je voudrais vous parler de ce point.

▷ Il est employé comme embrayeur indéterminé, nominal du non animé. Ainsi, je peux m'écrier devant un tableau de l'exposition que je visite : *C'est une merveille !* Seule la situation de communication me renseigne sur le référent réel de *ce*.

▷ Comme représentant, mais dont la faible valeur représentative autorise le pléonasme avec le représenté. Aussi représentant et représenté figurent-ils dans la même phrase, avec, comme d'habitude dans ce cas, une pause syntaxique qui les sépare. La disposition peut se fonder sur le mécanisme anaphorique aussi bien que sur le mécanisme cataphorique :

Ce tableau, c'est une merveille !
C'est une merveille, ce tableau !

▷ Dans quelques cas figés, on peut le tenir pour un simple indice de la construction impersonnelle, prenant la place du *il* : *Il est vrai que / C'est vrai que. Il est la demie / C'est la demie.*

Mais ces cas d'emploi ne doivent nullement être généralisés, car ils se heurtent au fait que nous pouvons continuer à construire (et c'est même la forme que l'on préfère dans une langue tenue) : *Ce sont des enfants* (et non **C'est des enfants*). Ce qui conduit d'ailleurs à réfléchir sur la valeur de *ce*, qui n'a pas l'air d'être vraiment sujet ; sans doute est-ce le signe du fonctionnement réversible de la relation prédicative, qui vaut à la fois pour A = B et pour B = A.
On pourrait ajouter un cinquième emploi, très grammaticalisé, où *c'est que* fonctionne comme une locution conjonctive introduisant une subordonnée explicative. Après une principale interrogative ou dubitativement introduite par *si*, cette subordonnée "explique" cette interrogation : *S'il n'est pas venu (N'est-il pas venu), c'est qu'il est malade.*

3.6 Les pronoms possessifs

Ils ne sont que rarement nominaux. Leur valeur de représentants est double puisqu'ils symbolisent aussi bien l'objet possédé que le possesseur : aussi empiètent-ils sur le domaine des pronoms personnels par leur marquage en personne. On peut également considérer que par là ils appartiennent au système des nominaux chaque fois qu'ils font référence à la première ou à la deuxième personne.

Leur structure est digne d'attention : leur forme (*le mien, la mienne, les miennes...*) est révélatrice d'une ancienne substantivation de la forme tonique de l'adjectif possessif. On sait que c'est là le modèle de plusieurs autres pronoms, comme, par exemple, les indéfinis *l'un / l'autre, un autre / des autres.*

Il serait souhaitable que l'on introduisît dans la grammaire les notions de pronom numéral (*Voici des stylos ; les deux sont à moi*) et de pronom qualificatif (*Voici des stylos ; les rouges sont à moi*), qui procèdent de la même organisation (facultativement pour les numéraux : *Deux sont à moi ; deux d'entre eux sont à moi,* etc.).

La seule difficulté des pronoms possessifs tient à la surabondance des marques portées, qui rend difficile la décomposition des représentés ; ainsi en disant *Voici sa maison et la mienne*, j'ai du mal à faire comprendre qu'il n'y a qu'une seule maison qui nous appartient à tous deux.

3.7 Les pronoms indéfinis

La catégorie est là encore composite ; comme nous l'avons vu, de nombreux pronoms indéfinis peuvent être employés aussi bien comme nominaux que comme représentants. Dans ce dernier cas, l'indétermination portée par la classe perturbe souvent le jeu de la représentation, qui se trouve alors compensée :

– soit par un fonctionnement proche de l'embrayeur qui nous renvoie à la réalité de la situation de communication : *J'ai un stylo ; l'autre ne m'appartient pas ;*

– soit par une utilisation comme pronom déterminatif : dans ce cas, un complément qui contient soit un autre pronom renvoyant au même référent, soit le représenté lui-même, vient parachever le fonctionnement : *J'ai deux stylos : l'un d'entre eux / l'un de ces stylos ne m'appartient pas.*

3.8 Les pronoms personnels de la troisième personne

Ils sont donc spécifiquement représentants au milieu d'une classe surtout faite de nominaux : leur fonctionnement est anaphorique. On peut noter çà et là une tendance, à travers l'indétermination de la référence, à rejoindre les nominaux : elle est surtout sensible dans *ils*, nommant des personnes indéterminées et dans la forme tonique du pronom réfléchi *soi*, qui ne renvoie qu'à l'indéterminé (*Que chacun rentre chez soi*) par opposition au déterminé, marqué par *lui* (*Que Pierre rentre chez lui).*

L'organisation morphologique n'est pas différente de celle des nominaux de la même classe :

	forme tonique	**forme atone**
sujet	*lui, elle*	*il, elle*
complément direct	*lui, elle*	*le, la, se*
complément indirect	*lui, elle*	*lui, se*

Le trait spécifique est l'inclusion dans cette classe des pronoms adverbiaux *en* et *y,* ainsi nommés en raison de leur origine adverbiale. *En* (qui vient de *inde*) marque le complément d'origine, *y* (de *ibi*) celui de destination, ce qui en fait les équivalents de compléments introduits, dans le premier cas par *de* et dans le second par *à* (ou *en*, *dans*) ; ce parallélisme finit par faire fonctionner *en* comme représentant de tout terme introduit par *de* et *y* comme représentant de tout terme introduit par *à*. La difficulté est que le *de* n'est pas toujours une véritable préposition ; il s'agit parfois d'un déterminant indéfini pluriel ou partitif :

Cette ville, j'en viens. = *Je viens de cette ville.*
Des *gants, j'en ai.* = *J'ai des gants.*
De la *chance, j'en ai.* = *J'ai de la chance.*

Le *de* peut également être la préposition introductrice du complément du nom (*Cette ville, il en est le protecteur*). Quant à *y*, l'aptitude à comprendre aussi bien les prépositions *à* que *en* ou *dans* s'explique par une mésaventure survenue aux prépositions (voir le chapitre 5, p. 98-99). Ces adverbes sont alors devenus de véritables représentants et ne sont plus que les cas compléments du pronom personnel de la troisième personne. Ce sont cependant des neutres et, comme tels, ils sont aptes à représenter des éléments sans genre ni nombre et notamment des syntagmes, des énoncés entiers, voire simplement des idées contenues dans un énoncé. Cette faculté impose au destinataire une sorte de complicité dans la constitution du mécanisme anaphorique et devrait également empêcher que les pronoms adverbiaux servent à la représentation de l'animé. Pourtant *en* est constamment employé pour représenter des personnes (*Ce garçon, il en est le père)*.

Plus encore, les pronoms adverbiaux retrouvent parfois un fonctionnement adverbial et d'embrayeur, en cela qu'ils font référence directe aux coordonnées du réel et notamment au lieu de l'énonciation ; ils connaissent alors une évidente lexicalisation, comme c'est le cas pour *y* dans *Il y a*, et pour *en*, encore distinct dans *s'en aller (= partir d'ici)*, mais préfixé dans *s'enfuir*.

3.9 Les pronoms numéraux

Il convient d'ajouter cette classe de représentants aux précédentes. Ordinaux ou cardinaux, avec ou sans déterminant, ils assurent en effet un fonctionnement anaphorique.

> *Voici des stylos : deux sont à moi, le troisième à mon voisin ; je peux te prêter les trois.*

LES UNITÉS INVARIABLES

Il est convenu de compter quatre classes de mots invariables : adverbes, prépositions, conjonctions, interjections. La dernière catégorie a pu être longuement discutée, nous verrons pourquoi.

1. LES CARACTÈRES COMMUNS

Les caractéristiques communes à ces quatre classes et qui organisent leur problématique sont les suivantes :

• Il existe une véritable circulation des formes entre ces classes : on hésite bien souvent à identifier telle forme comme adverbe ou comme interjection ; adverbe et préposition ont pu s'échanger ; la liste close de nos conjonctions de coordination nous fait regretter de ne pouvoir y inclure parfois tel adverbe, et telle conjonction de subordination joue parfois un rôle de coordonnant.

• Ces mots sont des outils et comme tels ils sont spécialisés dans le marquage d'une fonction ; ils ne sont pas, en principe, dotés d'un sens. Pourtant ces données sont battues en brèche par diverses interférences :

– une même fonction peut se trouver exercée concurremment par deux ou plusieurs outils :

Entouré des [ou *par les*] *siens.*

– un même outil peut remplir deux ou plusieurs fonctions :

Le train de Paris ; le stylo de Pierre.

– la spécialisation d'un outil dans un même emploi finit par agir métonymiquement sur lui et par lui conférer une sorte de signification qui est en réalité celle du contexte dans lequel il se trouve inséré :

Aller vers Paris. Cela se trouve vers Paris. Il viendra vers dix heures.

– l'automatisme d'emploi d'un outil linguistique ne laisse pas d'être soumis aux lois de l'évolution linguistique : l'usage devient alors datable ou lié stylistiquement au niveau de langue et à son degré d'évolution (néologisme ou archaïsme). Ainsi au XVIIe siècle :

Madame, je pense en vous ou *à vous.*

Aussi l'analyse des mots-outils fait-elle entrer dans une problématique linguistique complète et complexe qui pose la question de l'état de langue, de la part d'automatisme aveugle, de liberté créatrice et de signification acquise. Les principes de notre étude seront d'ajouter à cette problématique générale la problématique spécifique de chacune des classes d'unités invariables.

2. L'ADVERBE

Sa problématique propre est fondée sur l'opposition des emplois en dépendance ou indépendants.

2.1 Morphologie

C'est une catégorie abondante, qui ne soulève que peu de questions sur le plan morphologique :

– il y a eu une tentative pour en marquer l'invariabilité par un S final uniforme. Cette tentative n'a pas abouti, mais a pu laisser des traces (fr. class. : *guèreS, presqueS* ; fr. mod.: *tandiS, sanS, volontierS*) ;

– les adverbes issus d'anciens adjectifs ont continué longtemps à varier en genre et en nombre ; cet état de choses a survécu, non seulement dans *des fenêtres grandes ouvertes*, mais aussi dans l'adverbe *tout*, qui continue à prendre la marque du féminin singulier ou pluriel devant un mot à initiale consonantique, mais non devant une initiale vocalique :

Elles sont tout étonnées ; Elles sont toutes surprises.

– les adverbes de manière, formés avec le suffixe *-ment*, d'origine substantivale féminine, utilisent une base adjectivale nécessairement féminine (*joyeuse-ment)*. Mais les adjectifs épicènes, c'est-à-dire ceux qui ont la même forme au masculin et au féminin, ont pu tarder à s'adapter et se normaliser (*prudent : prudemment et non *prudentement ; grandement)*. Quant à ceux qui se terminent par une voyelle, ils posent des problèmes graphiques (*éperdument ; gaiement*).

2.2 Fonctions

Du point de vue fonctionnel, la situation est relativement complexe. Les adverbes qui ont une fonction par rapport à un terme de la proposition (verbe, adjectif qualificatif ou adverbe) lui sont subordonnés et développent leur pleine valeur sémantique. Mais ils sont constamment guettés par la fonctionnalisation, qui tend à en faire de purs outils et cela par plusieurs voies :

– soit une grammaticalisation en fait les corrélats indispensables, annonciateurs d'une proposition introduite par *que* et porteuse des valeurs de conséquence ou de comparaison :

Il a tant plu que les rivières ont débordé.
Il a autant plu en une heure qu'il pleut ordinairement en un mois.

– soit l'adverbe, spécialement celui de lieu, peut assumer un rôle de représentant :

Il y avait une armoire ; il s'est caché dedans.

Mais le phénomène devient encore plus sensible lorsque l'adverbe n'est pas incident à un terme mais se rapporte à toute la phrase ou prend une totale autonomie. Il intervient alors :

– soit dans la liaison des phrases : il sert de coordonnant tout en marquant une opération circonstancielle ou logique ; c'est alors que la classe des adverbes touche de près à celle des conjonctions de coordination. Les adverbes de phrase sont bien souvent assimilables à ces conjonctions (par exemple *puis*), tout comme la conjonction *donc* fonctionne à la manière d'un adverbe :

Il ouvrit la porte, puis (et) entra.
Son discours fit une forte impression. En effet,(car) il avait raison.

– soit pour commenter l'énonciation de manière mimétique. Ce point mérite commentaire. Tous les adverbes, insérés de manière autonome dans le discours, sont capables d'indiquer non pas une particularité sémantique à l'intérieur de l'énoncé, mais bien l'attitude que prend le sujet parlant en face de son discours : ce sont alors des adverbes modaux. Mais ils agissent d'une manière bien particulière puisqu'ils obligent à adopter le ton qui est réputé leur convenir et qui va s'appliquer au propos lui-même. Ainsi en disant :

Malheureusement, il n'a pas réussi.

on ne commente pas la manière dont s'est faite l'action, mais on indique le ton apitoyé qu'il convient de prendre pour dire la phrase. Ici, l'adverbe touche à la catégorie de l'interjection, qui est elle aussi pure intonation. On peut voir par exemple combien la grammaire hésite sur le classement de *hélas*, tantôt regardé comme adverbe, tantôt comme interjection.

2.3 Affirmation et négation

Aux adverbes modaux s'adjoignent les adverbes d'affirmation et surtout de négation. On sait que la caractéristique de ces derniers est de comprendre surtout des formes atones, conjointes au verbe et formées de deux éléments séparés. C'est cette organisation en morphèmes discontinus qui fait l'essentiel de leur intérêt.

Les cas où *ne* suffit à lui seul à marquer la négation vraie sont devenus rares en français moderne :

Je ne peux répondre. Je ne saurais répondre.

On peut considérer que *ne* s'appuie en fait sur le caractère modal de la périphrase verbale à laquelle il est combiné.

Les cas réguliers sont ceux où *ne* fonctionne en tandem avec les adverbes *pas, point, guère*... Ils encadrent le verbe sur lequel porte la négation. La combinaison peut aussi se faire avec des adverbes temporels, ayant pris un sens négatif par métonymie, c'est-à-dire par contagion, à force de figurer dans un contexte négatif (*jamais, plus*).

L'appoint négatif à *ne* peut également être fourni par des pronoms et des adjectifs indéfinis originellement négatifs (*nul*) ou dotés de valeurs négatives (*aucun, personne, rien*).

Un problème particulier est posé par l'expression de la restriction au moyen de *ne...que*. On voit qu'on emprunte d'abord un chemin négatif, avant de revenir avec *que* au positif ; aussi *que* précède-t-il obligatoirement le terme sur lequel porte la restriction.

Il n'a (ou *Il n'a rien*) ***que*** *des amis*
négatif / positif

Comme *ne...que* doit encadrer le verbe, les plus grandes difficultés sont rencontrées lorsqu'il faudrait que la restriction portât sur le verbe : comment concilier le fait que *ne...que* doit encadrer le verbe avec le fait que le verbe doit être précédé de *que* ? L'artifice est le recours au verbe vicaire *faire* :

*Il ne fait que chanter (*il ne que chante* est impossible).

De même lorsque la restriction porte sur le sujet, on a recours au présentatif :

*Il n'y a que lui qui chante (*Ne que il chante* est impossible).

Ces tournures sont inanalysables et doivent être seulement décrites comme des restrictions, avec leur portée propre.

3. La préposition

Sa problématique est ramifiée en deux paires d'opposition : est-elle dans la dépendance du terme d'avant ou est-elle liée à l'introduction du terme d'après ? Ce choix implique deux valorisations différentes : liée au terme d'après, est-elle purement fonctionnelle ou se trouve-t-elle dotée d'un sens en liaison avec le complément introduit ? Régie par le terme d'avant, est-elle un pur automatisme et comment intervient-elle dans le sens ?

3.1 La signification

Préposition simple ou locution prépositive dont la liste reste ouverte, elle est dépourvue de signification mais fonctionne souvent comme un moyen de distinguer les sens entre eux au sein de la polysémie verbale notamment ; c'est ainsi qu'on opposera : *venir de + nom / venir de + infinitif / venir à + nom / en venir à + infinitif / venir + infinitif*. Deux problèmes surgissent alors :

– le sentiment que la préposition sert moins à introduire un complément doté de telle fonction, qu'à assurer le sens du terme d'avant avec lequel elle ferait corps ;

– la contamination de la préposition par le sens global du complément qu'elle introduit : ainsi une préposition introduisant un complément circonstanciel de lieu finira-t-elle par être considérée comme une "préposition de lieu", quand bien même ce ne serait que par une série de métaphores qui rendent cette valeur bien évasive (*se fonder sur un texte ; entrer en matière ; revenir sur un détail...*).

Dès lors l'appréciation de la valeur des prépositions se fait en terme de fréquence, de régularité et de sémantisation. On appréciera ces valeurs aussi bien historiquement que métonymiquement. C'est ainsi que les dictionnaires tentent péniblement d'établir une distinction sémantique entre *continuer à / continuer de + infinitif*. C'est ainsi encore que les grammairiens classiques ont tenté de justifier sémantiquement la double possibilité *penser à / penser en quelqu'un*. Nous-mêmes avons consacré la distinction entre *croire à / croire en*.

Cette concurrence entre *à* et *en* (dont nous avons déjà eu à tenir compte) s'explique par un point de morphologie historique. La préposition *en* avait formé des formes contractées avec l'article défini : *el* au masculin singulier et *ès* au pluriel. La forme *el* devenue *eu, ou, au* a alors été confondue avec *à + le >au* ce qui a mis la déroute dans l'emploi des prépositions. De là nos expressions : *jeter au feu* ou *mettre au monde* pour *jeter en le feu, mettre en le monde.*

La tendance générale est en effet à réduire tous les doublets soit par suppression de l'une des possibilités, soit par la spécialisation distincte de chacune. Dans les cas de doublets subsistants, l'analyse consiste à se placer du point de vue fonctionnel et non dans la glose sémantique. Ainsi pouvons-nous construire aussi bien : *entouré par ses enfants* que *entouré de ses enfants.* On observe cependant que *par* est plus spécialement utilisé pour introduire le complément d'agent, tandis que *de*, parmi ses nombreux emplois, connaît une utilisation assez fréquente, dans des conditions analogues, pour l'introduction du complément de l'adjectif ; on en conclura que le premier cas est une construction verbale au passif, tandis que le second est une description, ce qui implique notamment une incapacité à s'inscrire dans le temps. On emploiera le premier dans une narration, le second pour décrire une photo par exemple.

3.2 La procédure d'analyse

La procédure d'analyse de la préposition consiste donc :

– à rendre compte du caractère normé et historique de son emploi : *s'intéresser dans* est une construction du XVIIe siècle et fait donc figure d'archaïsme pour nous ; cependant on peut encore trouver *être intéressé dans une affaire = y avoir des intérêts ;*

– à analyser la compatibilité entre la ou les significations dominantes que la préposition a acquises par métonymie et les valeurs qu'elle a en contexte. *Se fonder sur* revivifie la métaphore originelle, parce que *sur* est une préposition habituellement de lieu ;

– à analyser comme une variante stylistique tous les cas où une autre préposition eût été possible et où, par conséquent, le choix qui a été fait l'a été délibérément.

Deux considérations interviennent encore :

– la préposition entretient avec l'adverbe des relations morphologiques de parenté, comme le montrent les paires *sur / dessus ; dans / dedans...* La distinction fondamentale est que la préposition est introductrice d'un élément nominal (nom ou infinitif) qu'elle subordonne. Il suffit de l'employer absolument (= sans complément subséquent) pour qu'elle devienne adverbe :

Faire avec ; être pour ; venir sans...

– aussi a-t-elle la capacité de former des groupes circonstanciels qui, par lexicalisation, finissent par constituer des locutions adverbiales, dès lors qu'ils sont effectivement devenus invariables : *avec joie, par hasard...*

4. Les conjonctions

La problématique propre est liée au fait que les conjonctions sont à cheval sur la grammaire et sur la logique du discours : on s'en tiendra ici à leur rôle strictement grammatical, par lequel elles permettent un inventaire, un classement et une dénomination des propositions.

4.1 La conjonction de coordination

On distingue les conjonctions de coordination, dont la liste est close, des conjonctions de subordination. Leur utilisation diffère en cela que la conjonction de coordination agit à trois niveaux :

– le niveau intrapropositionnel où elle coordonne des termes ;

– le niveau interpropositionnel où elle coordonne des propositions : c'est ici qu'elle est sur le même plan que la conjonction de subordination ;

– le niveau interphrastique où elle relie des phrases entre elles et s'apparente alors plutôt aux adverbes de phrase.

4.2 La conjonction de subordination

Elle a, elle, pour seule fonction d'inscrire une proposition dans la dépendance d'une autre. Il peut cependant se faire que, par déviation d'emploi, elle joue un simple rôle de coordonnant interphrastique :

Il m'a aidé dans mon travail. De sorte que j'ai réussi.

Du point de vue fonctionnel, nous adopterons les positions suivantes : il n'y a de coordination ou de subordination qu'explicites et nous ne devons donc analyser sous ces noms que des formes effectivement présentes dans le texte.

4.3 La coordination

Elle consiste naturellement, comme le dit la grammaire scolaire, à relier des éléments de même nature et de même fonction. L'analyse se bornera donc à vérifier l'exactitude de cette loi ; on se montrera alors sensible :

– à la coordination d'éléments morphologiquement différents :

Il m'a dit sa joie et qu'il était ravi de mon succès.

– à l'équivalence fonctionnelle qui se trouve par là établie entre les éléments coordonnés. Dans l'exemple suivant, les deux subordonnées relatives sont ainsi déclarées également déterminatives :

L'homme qui passe dans la rue et qui porte un chapeau.

Ce que ne ferait pas une simple juxtaposition, qui détacherait la seconde relative.

Le rôle des conjonctions de coordination va bien au-delà de cet établissement d'un lien d'équivalence entre des termes ou des propositions : elles recouvrent un grand nombre de présupposés et d'opérations logiques assez floues, ce qui leur fait parfois donner le nom de connecteurs. Mais ce point regarde l'argumentation et ne peut entrer comme tel dans la grammaire. Il suffit pour se convaincre du caractère flottant et irrégulier de leurs valeurs logiques d'observer qu'on dira tout aussi bien : *Il n'est pas venu, car il est malade,* que : *Il est malade, car il n'est pas venu.*

Les seules conjonctions *et, ou, ni* ont un rôle simple de copule comme le confirme le fait qu'elles n'autorisent pas la présence d'une virgule. En revanche, *mais, donc, or* et *car*, en autorisant cette virgule, signalent qu'elles jouent encore un rôle logique supplémentaire.

Il est donc impossible d'assigner aux conjonctions de coordination, notamment dans la coordination interpropositionnelle et interphrastique, telle régularité fonctionnelle qui en ferait des outils grammaticaux dispensés d'interprétation.

4.4 La subordination

La conjonction de subordination en revanche ne connaît que des emplois exacts : elle se doit d'indiquer sans équivoque la nature et la signification du lien de dépendance qu'elle établit entre les propositions. Aussi est-elle le critère même qui permet de décrire les subordonnées. On se reportera donc à leur étude (chapitre 6). La conjonction par excellence reste *que*, terme dont la seule fonction est d'indiquer la subordination et de servir de démarcatif à la proposition qu'il introduit.

5. L'INTERJECTION

Si la grammaire a longtemps hésité à l'inclure, c'est que l'interjection appartient en réalité à l'énonciation : elle est un appui conventionnel de l'intonation et indique par là la modalité de la phrase. C'est pourquoi en linguistique on la considère comme un mot-phrase, c'est-à-dire un mot qui, à lui seul, a la même capacité qu'une phrase exclamative tout entière à indiquer, par son intonation, les intentions manifestes du sujet parlant. Dans le texte écrit, elle ne peut être qu'un instrument mimétique, dans lequel les conventions de genre et d'époque jouent un grand rôle, comme le veut d'ailleurs la symbolique théâtrale dans laquelle il s'inscrit.

Leur liste est sans cesse en renouvellement : à côté des formes banales (*Ah ! Bah ! Eh ! Oh !*) les formes créées et locutionnelles dépendent souvent de l'invention de chacun (*Mon Dieu ! Par exemple ! Mille bombes !* [cf. le Capitaine Haddock]).

LA PHRASE

Au niveau élémentaire, la phrase se confond avec la proposition (chapitre 1) ; mais nous la reprenons dans la présentation de la phrase, avant de consacrer plus spécialement l'étude à la phrase complexe.

La phrase est une unité du discours qui ne peut être définie que par son intonation : c'est elle qui, à l'oral, nous signale que la phrase est achevée ; la ponctuation du texte écrit ne fait que tenter de retranscrire, vaille que vaille, cette réalité avant tout mélodique. C'est ainsi que nous pouvons écrire : *Il pleut. Nous ne sortirons pas.* La perception de deux phrases, donc de deux unités mélodiques successives ne fait aucun doute à l'oral où on entend :

```
          /\      /\
```

tandis que pour *Il pleut, nous ne sortirons pas,* on entend :

```
            /    \
          /        \
```

Le travail le plus important de l'écrivain est donc d'abord un travail sur la structure de la phrase, dans lequel il fait passer son souffle même ; c'est pourquoi il est particulièrement aberrant de vouloir se substituer à lui et, en quelque sorte, lui faire la leçon en imaginant nombre de coordinations ou de subordinations implicites : seul l'explicite a lieu de nous retenir et d'être analysé.

1. Les modalités

Si donc l'intonation reste le principe organisateur et définitoire de la phrase, celle-ci vaut d'abord par là : l'intonation détermine d'abord les intentions du sujet parlant dans la communication qu'il établit avec son interlocuteur. Encore faut-il que l'intonation soit clairement identifiable et procède à grands traits : aussi peut-on distinguer en français quatre organisations fondamentales.

1.1 L'intonation circonflexe (∧)

La phase montante ou **protase** culmine à l'**acmé**, suivie de la phase descendante ou **apodose.** Cette organisation est celle de la modalité assertive, neutre du point de vue des intentions, sauf dans une de ses subdivisions qui est la négation grammaticalement marquée par les adverbes discontinus, conjoints au verbe (type *ne...pas*). Tout se passe comme si le sujet parlant posait une phase d'attente et de tension (la protase), résolue ensuite par l'apodose. Ce qui amène deux commentaires :

– l'importance volumique comparée de la protase et de l'apodose détermine la **cadence** : celle-ci est dite **mineure** si la protase est plus importante que l'apodose ; **majeure** si l'apodose est égale ou supérieure à la protase. On aura compris qu'une cadence mineure ne résout pas toutes ses attentes et joue donc un rôle suspensif ; la cadence majeure est en revanche conclusive.

L'embarras se trouve dans la détermination de la quantité à chiffrer : faut-il tenir compte du nombre des syllabes? On se heurte aux difficultés de comptage du *e* dit muet, qui tantôt fait syllabe et tantôt non ; en prose, rien ne vient nous guider. La solution préconisée par la *Grammaire générale et raisonnée* de Port-Royal pourrait être de compter toutes les syllabes comportant un *e* pour une demi-syllabe. On peut également préférer compter le nombre de mesures, c'est-à-dire de groupes rythmiques.

On sait qu'en français il n'y a que des accents de groupe : plusieurs mots sont intégrés dans un même groupe terminé par un accent sur la dernière ou avant-dernière syllabe : cette méthode est sans doute meilleure et débouche d'ailleurs sur l'analyse stylistique de la phrase.

– lorsqu'on a affaire à une phrase élémentaire, monopropositionnelle, la protase correspond au thème et l'apodose au prédicat. En disant *Le ciel est bleu*, je pose un thème (*Le ciel*) comme une attente et le prédicat (*bleu*) introduit par une copule (*est*) comme une résolution. Il en va évidemment de même avec *Le ciel bleuit* où copule et prédicat sont synthétisés dans le même élément (*bleuit*). Mais avec la phrase complexe, n'importe quel élément, quelle que soit son importance, est susceptible de jouer le rôle de protase, selon les intentions du locuteur manifestées par l'intonation ascendante. Dans :

Il s'écria avec vigueur qu'il avait raison

la distinction protase / apodose correspond à l'articulation de la subordination. Ainsi *Il s'écria avec vigueur* fonctionne comme un thème, équivalent de **Son cri vigoureux fut...*

Ou encore, dans notre exemple de *Il pleut, nous ne sortirons pas*, la protase (*Il pleut*) joue le rôle d'une attente du type **Quelle va être la conséquence de la pluie ?* On voit alors combien il est aisé de jouer avec l'intonation pour transformer la portée de la phrase selon ses intentions, ce qui est la vraie conception de la modalité.

La phrase négative marquée grammaticalement pose un sérieux problème : on hésite souvent à la regarder comme une modalité parce qu'elle n'a pas une intonation distincte de celle de la phrase affirmative. Il n'en demeure pas moins qu'elle est subtilement modale comme l'atteste la possibilité que nous conservons d'utiliser un *ne* sans valeur négative, parfois appelé explétif, et qu'il vaudrait mieux nommer modal. Ce *ne* présente l'affleurement d'une pensée secrète et négative. Ainsi dans :

Je crains qu'il ne vienne.
Je sors avant qu'il n'entre.
Il est plus grand qu'il ne semble.

on peut lire “à travers” le *ne* : **pourvu qu'il ne vienne pas ; *il ne sera pas encore entré ; *il ne semble pas grand.*

C'est que la négation procède bizarrement : elle consiste à prêter à l'autre une éventuelle affirmation que l'on s'empresse de réfuter avant qu'il ne l'ait émise. En disant *Cette table n'est pas blanche*, je ne prétends pas décrire la table (sinon il me faudrait énumérer interminablement tout ce que la table n'est pas), mais prévenir une éventuelle affirmation de l'autre qui voudrait que la table fût blanche. Il y a bien modalité, mais une modalité dialectique, fondée sur un jeu d'échanges éventuels avec l'autre. La phrase négative constitue donc une variante modale intéressante de la phrase assertive qui comprend ainsi la phrase affirmative, degré zéro de la modalité de phrase et la phrase négative, refus d'une éventuelle affirmation prêtée à autrui.

1.2 L'intonation montante (/)

C'est celle de la phrase interrogative marquant une interrogation totale : l'ensemble de la phrase est affecté d'une espèce de tension, qui ne se résoudra que dans la réponse (oui ou non) à la question. Grammaticalement, cette interrogation est appuyée par l'inversion du sujet :

– inversion simple si le sujet est un pronom atone :

Est-ce vrai ? Ai-je raison ? A-t-on résolu ce problème ?

– inversion complexe dans les autres cas : le sujet reste à sa place, mais se trouve repris, en position inversée, par un pronom :

Pierre est-il à la maison ?

Cette présentation générale, généralement vraie, doit être nuancée sur trois points :

– dans le cas d'une phrase ramifiée et complexe, il est parfois évident que, contrairement aux apparences grammaticales, la question ne porte pas vraiment sur l'ensemble des éléments. En disant *Pierre est-il allé seul à l'école à bicyclette aujourd'hui ?* je peux en réalité ne vouloir interroger que sur un seul, ou deux, ou trois des éléments indiqués : à l'oral, c'est l'intonation qui l'indiquera, en plaçant la note la plus haute sur le ou les éléments visés ; à l'écrit, ce peut être l'occasion d'utiliser le présentatif, qui isolera le ou les éléments (*Est-ce seul que Pierre est allé à l'école à bicyclette aujourd'hui ? Est-ce à bicyclette ? Est-ce à l'école ?...*) Le passage est donc possible d'une interrogation en apparence totale à une interrogation secrètement partielle ;

– l'interrogation peut se combiner à la négation (on parle parfois de phrase interro-négative) ; les conditions de la modalité se trouvent alors transformées. En principe une interrogation attend une réponse *oui / non* ; la négation, quant à elle, suppose une éventuelle affirmation de l'autre : il y a bien disproportion et le poids du oui l'emporte sur celui du non. Aussi une phrase interro-négative est-elle subtilement affirmative, comme l'indique la réponse attendue qui n'est plus *oui / non*, mais *si / non*, le *si* ayant pour effet de confirmer une pensée comprise comme positive ;

– la langue usuelle confie l'interrogation totale à la seule intonation et fait l'économie du doublage par les marques grammaticales de l'inversion ; on dira donc *Tu viens ?* au lieu de *Viens-tu ?* De l'oral, cette formulation est passée à l'écrit, où elle est peut-être moins justifiable à cause du rôle exorbitant laissé à la ponctuation.

1.3 L'intonation descendante (\)

C'est celle de l'exclamation et de l'interrogation partielle : c'est cette dernière qui fait problème. L'état des choses résulte d'un problème de disposition. L'interrogation partielle est fondée sur l'usage d'un mot interrogatif (pronom, adjectif ou adverbe) ; celui-ci est placé en tête de phrase. Or nous avons pu voir que le propre de l'interrogation était de placer la note haute sur le terme sur lequel porte la question : c'est donc l'outil interrogatif, ici, qui porte cette note haute, si bien que le reste de la phrase ne peut être que descendant.

L'indistinction qui en résulte entre la phrase exclamative et la phrase interrogative partielle est ressentie comme si gênante que le français usuel résout la difficulté en déplaçant l'outil interrogatif à la fin de la phrase : *Il est venu quand ? Il va où ?* Ce qui est fréquent avec les adverbes interrogatifs, mais moins avec les pronoms (*Il est venu qui ? Il voulait quoi ?)* Il est également probable que l'on assure la persistance interrogative en plaçant en fin de phrase, lorsqu'on ne pratique pas ce bouleversement de l'ordre des mots, une mélodie légèrement montante, rappel de l'intonation interrogative (V).

Il n'en reste pas moins vrai qu'à l'écrit notamment, l'équivoque entre exclamation et interrogation partielle est fréquente, et que la moindre altération des valeurs fait glisser de l'un à l'autre, comme, par exemple, avec l'intrusion de la négation :

*Que n'a-t-il pas fait ? = *Il a fait toutes sortes de choses.*

La modalité exclamative est porteuse de toutes les intentions du sujet parlant, à l'exception de la seule interrogation : elle est donc presque omnimodale et se charge, à la manière de l'interjection, d'exprimer, par le truchement de nos conventions, le parti-pris et l'affectivité de celui qui parle. Il s'agit évidemment de solliciter notre faculté d'interprétation, d'autant plus facilement que l'exclamation n'existe qu'à l'oral et, dans le cas d'une transcription écrite, que dans le discours direct.

1.4 L'intonation plane (—)

C'est l'absence d'inflexion, que nous utilisons pour tout ce qui relève de la parenthèse, de l'incise. La parenthèse fermée, l'intonation sera reprise exactement au niveau où elle a été laissée à l'ouverture de la parenthèse. Organisant les plans du discours, elle est un moyen de marquer l'autonomie de certains segments ou propositions comme les incises ou les relatives explicatives :

Il fallait, selon lui, reprendre ce point.
Son idée, qui était juste, méritait d'être retenue.

2. La phrase complexe

L'objet de l'étude ne peut être que la coordination et la subordination explicites qui relèvent de l'hypotaxe, par opposition à la parataxe qui ne repose que sur la seule juxtaposition.

2.1 La coordination

Seules les coordinations interpropositionnelle et interphrastique nous concernent ; encore ne relèvent-elles que de la seule description puisque les coordonnants ne servent qu'à marquer des liens entre les propositions en rapprochant les plans et en installant les niveaux des structures périodiques. L'analyse des valeurs portées par ces coordonnants relève de l'analyse du discours et non du plan grammatical ; on pourra néanmoins nommer ces coordonnants dans leurs rôles essentiels.

2.2 La subordination

Ici, la tâche de la grammaire est d'une tout autre ampleur puisqu'elle se doit d'analyser les moyens et leurs fonctions. L'étude des subordonnées doit également proposer un classement des divers types de propositions.

Un premier grand clivage se fait entre les propositions qui jouent un rôle dans l'économie de la phrase dont elles sont des termes : les **relatives** et les **complétives**, et celles qui s'organisent en diptyque avec la régissante : les **circonstancielles**. Tous les classements s'avèrent par là boiteux, notamment par impossibilité de classer sur une même ligne les propositions en adjectivales (les relatives), substantivales (les complétives) et adverbiales (les circonstancielles). Ces dernières constituent un univers particulier : une consécutive n'est pas vraiment complément du verbe (même si on peut s'en tenir à cette façon scolairement commode de dire sa fonction). Ainsi,

Le sommet est si haut qu'il semble toucher les nuages

nous montre que la subordonnée se rattache à la principale par de multiples liens (si...que ; haut ; est). De même qu'une conditionnelle fonctionne tout autant par le rapport entre sa forme verbale et celle de la principale que par le *si* qui l'introduit.

Un second principe de classement peut être trouvé dans les subordonnants. On opposera alors les pronoms relatifs, à la fois subordonnants, représentants et termes de la subordonnée, aux conjonctions, sans autre fonction que de marquer la dépendance et d'indiquer la fonction ; avec la distinction nécessaire entre la conjonction pure *que*, introductrice de complétives, et les autres conjonctions et locutions conjonctives. Mais cette catégorisation ne tient pas compte d'un certain nombre d'obstacles :

– la conjonction *que* peut néanmoins servir, seule ou comme conjonction de rappel, à subordonner des circonstancielles ;

– il existe un certain nombre de subordonnées sans terme subordonnant : ce sont les participiales et les infinitives ;

– les outils interrogatifs de l'interrogation indirecte occupent une position particulière dans cet ensemble : le plus souvent ils sont exclusivement outils interrogatifs et n'ont donc pas de vocation particulière à marquer la subordination, sauf l'adverbe *si* et le pronom *ce que*, spécialisés dans la seule interrogation indirecte et qui indiquent donc toujours une subordonnée. (Encore *si* est-il sans autre vraie fonction que de marquer l'interrogation totale, alors que *ce que* joue un rôle dans la subordonnée, comme terme de proposition).

Malgré ces défaillances, on peut se servir de l'étude et du classement des subordonnants pour rendre compte de la subordination, en dépassant néanmoins les difficultés ci-dessus et en tenant compte des lacunes suivantes :

– ce choix de méthode implique que l'on tiendra pour une proposition tout élément introduit par un subordonnant. Cette question intervient avec une particulière acuité dans le cas des comparatives, dans la mesure où la comparaison implique analogie et répétition ; or, souvent, les éléments analogues ne sont pas répétés. Dans *Il est fort comme un Turc*, la présence de la conjonction *comme* nous invite à voir une comparative elliptique (*comme un Turc*), réduite à son seul sujet ;

– il existe un certain nombre de moyens déviants de marquer la subordination. Tout d'abord la corrélation. Certaines propositions introduites par *que* ont été "préparées", dans la régissante, par un terme annonciateur, que l'on dit en corrélation avec *que*. Encore qu'il appartienne bien à la régissante, il n'en est pas moins indispensable à la subordonnée :

Il a ***tant*** *plu que les rivières ont débordé.*
Il travaille ***si*** *bien qu'il sera reçu.*
Donnez-lui ***autant*** *de cadeaux que vous voudrez.*

Il existe également des moyens déviants comme la répétition d'un élément adverbial dans les propositions marquant la proportion :

Plus *il fait chaud,* ***moins*** *il travaille.*

La difficulté est ici de déterminer quelle est la subordonnée ; on peut estimer que la première proposition, dans la mesure où elle ne peut exister seule, est plus dépendante.

– le cas dit de subordination inverse est particulièrement intéressant : il révèle une distorsion entre les marques et les fonctions, puisque c'est la proposition qui a l'air d'être une subordonnée qui est en fait la principale, alors que celle qui semble être principale est la subordonnée :

A peine *était-il entré* ***que*** *l'orage éclata.*
Est-il malade qu'on ne le voit plus?

Ce dernier cas n'est pas sans évoquer une autre aberration dans laquelle les deux propositions semblent introduites toutes deux par un subordonnant :

S'*il n'est pas venu* ***c'est qu****'il est malade.*

Par convention, on tient que c'est la seconde proposition qui fonctionne comme explication du cas posé par la première et joue donc le rôle de subordonnée.

Tous ces cas (subordination inverse ou double) sont sans doute nés de propositions originellement coordonnées (Il était à peine entré ; l'orage éclata etc.) et où les moyens conjonctifs ne sont à proprement parler que des démarcatifs, des signes de découpage des propositions.

On peut également évoquer le cas où c'est l'inversion et la forme verbale qui marquent la dépendance d'une proposition aux allures d'indépendante :

Dussé-je m'y reprendre à plusieurs fois, j'y parviendrai.

2.3 Les complétives

Ces cas écartés, nous pouvons proposer le classement suivant :

conjonctives par *que* ; subordonnées infinitives ; interrogatives indirectes ; relatives substantives.

Ces propositions ont en commun d'avoir les fonctions essentielles du nom dans la phrase (dont elles constituent alors un terme). La fonction dominante est celle de complément d'objet, qui a donné son nom à cette classe de propositions. Elle est même la fonction exclusive des interrogatives indirectes et des infinitives (la proposition ne connaît presque pas les variations entre complément d'objet direct et complément d'objet indirect : il n'est donc pas nécessaire de spécifier direct / indirect) :

Il veut ***que je vienne****.*
J'entends ***les*** *enfants* ***jouer****.*
Je me demande ***où il veut en venir****.*
Je sais ***ce qui l'inquiète****.*

Mais d'autres fonctions sont possibles :

– celles de terme complétif :

Il semble ***qu'il ait raison****.*
Il arrive ***ce qui doit arriver****.*

– celle d'attribut :

Le problème est ***qu'il a raison****.*
La vie est ce ***qu'on en fait****.*

– celle de complément du nom :

L'idée ***qu'il pouvait venir*** *me tourmentait.*

Le risque de confusion avec les relatives est si grand (la seule différence est que le *que* n'a pas de fonction dans la subordonnée et ne représente pas) qu'il serait sans doute sage de nommer plutôt ces propositions des appositions, bien que cette dénomination convienne surtout à celles de la forme : *Cette idée* ***qu'il pouvait venir*** *me tourmentait*, où le terme support est fortement déterminé.

En revanche des difficultés spécifiques sont attachées :

• aux conjonctives par *que*, qui, sous l'influence du verbe de la régissante, prennent ou non la marque de la modalisation. C'est le cas :

– lorsque le verbe principal marque l'ordre, la volonté, le désir, le souhait :

Je veux, je souhaite, je désire ***qu'il vienne***

– lorsque le verbe principal marque le sentiment, l'appréciation, bref, l'attitude subjective du sujet parlant :

Je crains, je me réjouis ***qu'il vienne***

– lorsque le verbe principal, d'opinion, est affecté par la négation :

Je ne pense pas, je ne crois pas ***qu'il vienne***

(Mais si la négation est catégorique, on retrouve la forme démodalisée de l'indicatif : *Je ne crois vraiment pas* ***qu'il viendra****)*. De là : *Je doute qu'il vienne / Je ne doute pas* ***qu'il viendra / qu'il vienne****.*

• aux interrogatives indirectes, qui suivent les règles générales de la transposition du discours indirect, ce qui amène, au passé, la substitution de l'imparfait au présent, du conditionnel au futur, du plus-que-parfait au passé composé :

Il demanda ***quand nous étions arrivés, ce que nous voulions*** *et* ***quand nous partirions****.*

• aux risques de confusion entre les relatives substantives et certaines constructions modernes de la conjonctive par *que*, complément d'objet indirect.

L'ancienne langue traitait toutes les complétives complément sans préposition, quand bien même le verbe la requérait avec un complément substantival (*Je me souviens de lui / que je l'ai rencontré)*. Mais le français moderne se met à marquer la préposition (*Je me souviens de ce que je l'ai rencontré)* : on voit cependant que pour éviter le télescopage entre préposition et conjonction on intercale entre elles un *ce*.

De là des risques de confusion avec le pronom relatif décumulatif : *Je me souviens de ce qu'il m'a dit.*

Une fois encore le critère de distinction est la fonction du relatif dans la subordonnée, alors que la conjonction en est dépourvue.

On analysera comme un tout formant locution conjonctive le *de (à) ce que*, introduisant une proposition complément d'objet indirect.

2.4 Les relatives

La catégorie est entièrement homogène et ne comporte que les relatives avec antécédent. Ces propositions sont alors compléments de cet antécédent. (Les relatives sans antécédent appartiennent aux complétives.)

On sait que l'usage universitaire est de classer les relatives en déterminatives et explicatives. (chapitre 4, 3.3) Il convient maintenant d'y ajouter un problème spécifique. Certaines relatives se rattachent à un antécédent qui forme à lui seul la proposition principale :

Toi qui le savais !

On peut tenir cette construction pour un pur artifice emphatique, au lieu de **Tu le savais*, comme l'indique d'ailleurs la conjugaison du verbe : on dira dans ce cas que la relative est prédicative : elle contient en effet le prédicat du sujet *toi*. Et on rapprochera ces propositions de celles du type :

Je l'entends qui crie ; je vois ces malheureux qui souffrent.

où la relation entre la relative et l'antécédent passe par l'entremise d'un verbe de perception et que l'on peut tenir semblablement pour des relatives prédicatives, c'est-à-dire assumant purement, derrière l'emphase, le rôle de prédicat :

J'entends qu'il crie ; je vois que ces malheureux souffrent.

La modalisation des relatives reste totalement libre et relève donc de la stylistique, même si on note une tendance à modaliser celles dont l'antécédent est l'objet d'un marquage superlatif :

Il est le seul ***qui sache faire cela****.*

ou lorsque la visée finale domine :

Je cherche quelqu'un ***qui sache faire cela****.*

Les relatives explicatives, qui ne sont donc pas indispensables à l'antécédent, se trouvent disponibles pour porter d'autres valeurs fonctionnelles ; aussi se chargent-elles accessoirement de valeurs circonstancielles. Le point important est que ces valeurs sont implicites et relèvent de l'interprétation qu'on veut bien leur donner :

La reine, ***qui était femme de grande vertu****, fut séduite par ce gentilhomme.*

On peut certainement lire une valeur concessive dans cette proposition ; mais rien n'interdit de pousser le cynisme jusqu'à y voir une valeur causale.

2.5 Les circonstancielles

On y trouve deux catégories morphologiques : les participiales et les conjonctives non complétives ; mais comme ce sont essentiellement des propositions porteuses de valeurs logiques, s'y concentrent également tous les cas obliques et difficiles que nous avons déjà entrevus : corrélation, parallélisme, subordination inverse, ellipse.

La dénomination de circonstancielles est relativement impropre si l'on entend par là effectivement les circonstances spatio-temporelles : seules répondent exactement à cette conception les trois temporelles, le français n'ayant pas de propositions de lieu analysables comme telles. Mais sur les circonstances temporelles d'antériorité, de simultanéité et de postériorité se sont greffées métaphoriquement des propositions logiques, selon le schéma simple : antériorité = cause ; postériorité = but, etc. On aboutit ainsi à la reconnaissance en français de neuf ou peut-être dix propositions circonstancielles.

antériorité	simultanéité	*postériorité
cause condition *concession	comparaison (adversatives)	*but conséquence

(L'astérisque indique que les propositions de ce type sont modalisées au subjonctif de manière régulière.)

Les temporelles

Fort paresseusement, la grammaire nomme indistinctement "temporelles" les trois propositions d'antériorité, de simultanéité et de postériorité, dont la distinction est cependant essentielle. Il est vrai qu'elle rencontre là une difficulté qu'elle s'est forgée elle-même. Les propositions d'antériorité sont introduites par les locutions conjonctives du type *après que* ; celles de postériorité par les locutions du type *avant que* ; pour obtenir plus d'aisance sémantique, plusieurs grammaires ont pris le parti de rapprocher les apparences des locutions conjonctives de leur fonction et voient dans la conjonction *avant que* un marquage de l'antériorité de la principale, puisqu'aussi bien lorsque la subordonnée est postérieure à la principale, cela signifie que la principale lui est antérieure. On obtient alors cette aberration qui consiste à voir dans la subordonnée un marquage de la fonction de la principale. Il faut en revenir à plus de clarté et de rigueur, mais comme les cartes sont désormais brouillées, il est prudent de spécifier que telle proposition temporelle marque sa propre postériorité ou sa propre antériorité :

– antériorité :

Il est arrivé après que je fus sorti (1. Je sors / 2. Il arrive).

– simultanéité :

Il est arrivé quand (lorsque) je sortais (1. et 2. ensemble).

– postériorité :

Il est arrivé avant que je ne sorte (1. Il arrive / 2. Je sors).

Les causales

Elles relèvent de l'antériorité par introduction d'un rapport logique de nécessité. Aussi les participiales, dès lors qu'elles ouvrent la phrase, sont-elles tenues, par leur position même, pour des causes :

> ***Le train arrivant***, (ou ***arrivé****), nous montâmes sur le quai.*

De même encore, les propositions introduites par la conjonction multivalente *comme* sont identifiées comme causales dès lors qu'elles précèdent leur régissante dans la phrase.

> ***Comme il faisait beau****, nous sortîmes.*
> (# *Nous sortîmes, comme nous l'avions projeté)*

La cause niée, introduite par *non que, non pas que,* étant récusée dans son fonctionnement logique même, se borne à évoquer une éventualité qui aurait pu fonctionner comme cause : elle n'a donc pas de réalité causale, ce qui amène nécessairement le subjonctif.

Le mécanisme de la cause oppose deux formes de conjonctions : *parce que* et *puisque.* La première expose une cause conjecturelle, non encore réalisée et qui est une supputation du locuteur ; la seconde se sert d'une cause constatable dont on découvre, après réalisation, qu'elle a pu jouer un rôle causal déterminant. Ainsi, constatant l'absence de Pierre, je peux émettre une opinion probable sur la cause de cette absence :

> *Pierre n'est pas venu* **parce qu'il est malade**.

Mais si je sais qu'il a été malade, je dirai :

> *Pierre n'est pas venu* **puisqu'il était malade**.

Les conditionnelles

Il s'agit d'une variante de la cause, par généralisation, puisqu'elles indiquent que lorsque telle cause se produit, elle entraîne telle conséquence. Pareilles considérations varient nécessairement avec l'insertion du système conditionnel dans le temps ; aussi notre langue a-t-elle installé quatre options d'expression de la condition :

• Celle-ci est posée sans considérer la probabilité de réalisation ou de non-réalisation : le système est alors amodal, neutre du point de vue des choix ou des préférences manifestées par le sujet parlant. Ce système s'écrit à l'indicatif et au perfectif et exprime exactement l'hypothèse logique.

Il vaudrait mieux nommer l'ensemble des propositions de cette catégorie des conditionnelles et réserver le terme d'hypothèse ou d'hypothétique à celles qui sont amodales... On conserve en général un décalage chronologique entre les propositions, destiné à souligner le mécanisme causal, mais des variantes stylistiques sont possibles, qui tendent à réduire l'écart chronologique entre cause et conséquence, conditionnelle et principale. (De même que l'inversion en principale / subordonnée = conséquence / cause obéit à des considérations logico-expressives.)

S'il fait beau*, nous sortirons.*
S'il fait beau*, sortez.*
S'il fait beau*, nous sortons.*
Nous sortons ***s'il fait beau****.*

• La condition s'inscrit dans le temps et va impliquer le sujet parlant et se trouver modalisée, mais par recours aux fonctions modales de l'imperfectif.

– Le recours aux formes de l'accompli inscrit la condition dans l'antériorité révolue. L'éventualité appliquée à l'accompli ne peut consister qu'en une complaisance à évoquer ce qui aurait pu être et qui n'a pas été : il s'agit donc nécessairement et exclusivement de l'irréel du passé :

S'il avait fait beau, nous serions sortis.

L'irréel du passé a partie liée avec la négation, comme le montre la variante :

S'il avait fait beau, nous ne serions pas restés.

L'irréel du passé signifie donc qu'il n'a pas fait beau et que nous sommes restés : il annule le contenu des propositions.

Les formes verbales porteuses de ces valeurs sont le plus-que-parfait de l'indicatif dans la donnée d'hypothèse et le conditionnel passé dans la résultante. Une variante intéressante est constituée par la possibilité d'employer, dans la subordonnée comme dans la principale, mais aussi dans l'une ou dans l'autre seulement, le plus-que-parfait du subjonctif.

***S'il eût fait beau**, nous ne fussions pas restés.*

(La dénomination de conditionnel passé deuxième forme, parfois donnée au plus-que-parfait du subjonctif lorsqu'il figure dans la principale au lieu du conditionnel passé est donc aussi inutile qu'aberrante.)

• Appliquée au présent, l'éventualité, de même que précédemment, est interprétée nécessairement comme un irréel puisque le fait est en cours de réalisation et ne peut donc être autre qu'il n'est : l'éventualiser n'est qu'une manière d'évoquer ce qui pourrait être et qui n'est pas.

Sa traduction modale à travers l'imperfectif implique un recours à l'imparfait et au conditionnel présent.

***S'il faisait beau**, nous sortirions.*

Il faut prendre garde à certaines constructions qui peuvent apparemment se confondre avec un tel système et qui sont nées de la pluralité des fonctions exerçables par les formes de l'imperfectif. Si, dans un discours direct, on utilise l'expression de l'hypothèse logique (voir ci-dessus) :

*Il affirma : "**S'il fait beau**, nous sortirons."*

et que l'on passe au discours indirect, l'imparfait et le conditionnel présent de transposition vont apparaître au lieu du présent et du futur :

*Il affirma que **s'il faisait beau** ils sortiraient.*

ou par variante stylistique :

*Il affirma que **s'il faisait beau** ils sortaient.*

Le résultat est évidemment le même dans le cas du discours indirect libre :

*Il était formel. **S'il faisait beau** ils sortaient.*

Seule la temporalité passée permet de distinguer ce système de celui de l'irréel du présent.

• Appliquée en revanche à l'avenir et au futur, la condition est regardée comme potentielle, c'est-à-dire comme pouvant aussi bien se produire que ne pas se produire. Il n'existe pas de moyens simples et grammaticalisés en français de marquer l'irréel du futur, si bien que toute éventualité à venir est, quelles que soient sa logique propre et la vraisemblance générale, regardée comme réalisable.

La difficulté augmente du fait que c'est le même système verbal que celui de l'irréel du présent qui est porteur des valeurs potentielles :

S'il faisait beau dans quinze jours*, nous sortirions.*

Faute d'indications chronologiques explicites, une même phrase est donc porteuse simultanément de valeurs ambiguës aussi bien d'irréel du présent que de potentiel. De là, la prolifération de valeurs stylistiques et d'insinuations dans des phrases qui jouent sur le non-marquage.

Ah! si tu étais intelligent !

exprime aussi bien l'irréel du présent que le potentiel, avec les effets que l'on imagine.

En dehors de la conjonction *si*, il existe d'autres conjonctions qui peuvent exprimer la condition ou la supposition : elles ont toutes pour effet de modaliser la subordonnée, au subjonctif cette fois :

Nous sortirons ***à condition qu'il fasse beau***
Nous sortirons ***pourvu qu'il fasse beau***

Un cas intéressant est fourni par l'utilisation de la conjonction *que* de rappel, pour la reprise d'un *si* dans une deuxième subordonnée conditionnelle coordonnée. La deuxième subordonnée est alors au subjonctif, ce qui montre :

– l'équivalence des marquages modaux par le système imparfait / conditionnel avec le subjonctif ;

– une organisation particulière de la coordination qui soumet la deuxième conditionnelle par *que* à la réalisation préalable de la première et l'enfonce donc un peu plus dans l'éventualité.

Les concessives

Ces propositions de type causal sont toujours modalisées au subjonctif, sauf celles qui sont introduites par la corrélation *tout...que ;* c'est là un reflet d'une situation antérieure à la fin du XVIIe siècle où l'on trouvait fréquemment l'indicatif dans les concessives. Celles-ci développent en effet un fait réel, fonctionnant comme une cause. Mais cette cause n'entraîne pas les conséquences qu'à notre sens elle devrait avoir ; aussi est-elle dévalorisée à nos yeux, ce que l'on marque par le subjonctif :

***Bien qu'il soit très grand**, il passe encore par la porte.*

Les concessives sont introduites par des conjonctions et locutions conjonctives (*bien que*), des corrélations (*tout...que ; si...que ; aussi...que ; quelque...que*) et des constructions du relatif indéfini (*qui que ; quoi que*) dont la dernière s'est également grammaticalisée en *quoique*, devenue simple conjonction de concession.

On peut également inclure ici le cas, très exceptionnel, d'une périphrase verbale dont le seul rôle est de faire de la proposition où elle se trouve une subordonnée de concession : ***Il a beau étudier**, il ne comprend pas.*

Fréquentes sont les constructions elliptiques du type ***Quoique beau**, le temps n'invite pas à la promenade* ; par cohérence descriptive et selon les principes exposés ci-dessus, nous devons tenir le segment *quoique beau*, en raison de la présence d'une conjonction de subordination, pour une proposition subordonnée circonstancielle concessive elliptique.

Les comparatives

Classées évidemment dans l'ordre de la simultanéité, ces propositions usent très souvent de l'ellipse des éléments répétables dans toute opération comparative. Là encore les formes du subordonnant sont variables, de la conjonction ou de la locution conjonctive (*comme, ainsi que*) à la corrélation (*aussi...que ; plus...que ; moins...que*) en passant par des formes corrélatives plus troubles comme celles qui greffent une comparaison sur les indéfinis *autre, tel* ou *même* :

*On lui a donné un **autre (le même)** remède **qu'à son frère**.*

Une telle construction dissimule en fait une haplologie pour : **Un autre remède que celui qu'on a donné à son frère.*

Les adversatives

Ces propositions marquent l'opposition, trop souvent confondue avec la concession ; elles n'ont pas de moyens conjonctionnels propres, ce qui fait parfois hésiter sur la nécessité d'en faire une classe de subordonnées. Elles utilisent d'autres conjonctions, généralement temporelles et marqueuses de la simultanéité, et fonctionnent grâce à un réseau de répétitions lexicales qui soulignent l'antithèse :

> ***Quand*** *(alors que, tandis que)* ***je dis blanc****, il dit noir.*

Les finales

Elles marquent le but, qui fait l'objet d'une visée et d'une intention du sujet, si bien qu'elles sont modalisées au subjonctif, porteur de valeurs potentielles :

> *Je l'ai fait* ***pour qu'on le sache****.*

Les consécutives

À la différence des finales, elles marquent l'enchaînement mécanique des effets, sans intervention de la subjectivité du sujet, si bien qu'elles ne sont pas marquées par la modalisation du subjonctif. On peut alors trouver deux propositions subordonnées semblablement introduites, mais dont l'une est modalisée et l'autre non : la première est finale, la deuxième consécutive :

> *Il l'a placé* ***de sorte qu'il puisse l'atteindre.*** (finale)
> *Il l'a placé* ***de sorte qu'il peut l'atteindre****.* (consécutive)

Les consécutives usent fréquemment de la subordination par la corrélation, propre à souligner l'engendrement mécanique des effets :

> *Il a* ***tant*** *plu* ***que nous restons*** *; Il fait un* ***tel*** *temps* ***que nous restons*** *;*
> *Le bruit est* ***tel que l'on ne s'entend plus***

Seule une pause syntaxique après *tel* différencie cette phrase d'une phrase à valeur comparative :

> *Le bruit est tel que celui de l'enfer...*

CONCLUSION

Une grammaire fonctionnelle ne peut prétendre résoudre tous les cas d'espèce ni l'infinie variété des possibilités d'utilisation de la langue. Mais elle se doit de rendre compte, de manière cohérente, de l'ensemble des mécanismes fondamentaux qui président à l'organisation du système expressif.

On voudrait ici, paradoxalement, donner un échantillon de l'impossibilité pour une grammaire, quelle qu'elle soit, de résoudre toutes les difficultés. En général, les manuels de grammaire observent un silence prudent, ou au contraire légifèrent péremptoirement sur le statut de *voici / voilà*, d'usage fréquent, mais aussi à usages multiples.

Une observation simple révèle qu'on emploie ces termes :

– tantôt comme des prépositions invariables et introductrices d'un nom :
Voilà un livre !
– tantôt comme des introducteurs d'une proposition :
Voilà qu'il se met à pleuvoir !
– tantôt comme introducteurs d'une relative prédicative :
Voilà un ouvrage qui vous renseignera sur ce point.
– tantôt comme introducteurs d'attributs et cela de trois façons :

▷ *Voilà une merveille !*
Le thème est présent dans la situation de communication : il y a fonctionnement d'embrayeur ou de déictique.

▷ *Le voilà étonné*
Le thème est donné sous la forme du pronom complément *le*.

▷ *Il a peint ce tableau il y a vingt ans. Voilà un chef d'œuvre.*
Le thème (*ce tableau*) est représenté anaphoriquement.

On constate que dans plusieurs de ces emplois, *voici / voilà* sont supprimables : **Il se met à pleuvoir ; *Cet ouvrage vous renseignera sur ce point ; *Une merveille!...* Aussi a-t-on pu proposer d'y voir un présentatif, spécialisé dans la présentation du prédicat. Cependant nombre de ses fonctions sont essentielles (rôle de copule ; rôle de représentant) si bien qu'on ne sait comment nommer un terme invariable, parfois possible à supprimer, parfois dans le rôle d'un verbe mais sans les marques personnelles, temporelles et modales qui y sont attachées, parfois dans celui d'un pronom.

Cet exemple illustre donc le fait qu'une grammaire n'est jamais achevée ; il signifie qu'il convient de disposer des principes d'analyse et d'interprétation qui doivent permettre de rendre compte, au coup par coup, de tous les cas particuliers.

On trouvera, au volume II de cet ouvrage, *Compléments et exercices,* les deux appoints nécessaires à son bon usage :

– un répertoire et des tableaux des formes ;

– un guide, des exercices commentés et corrigés et d'autres exercices proposés, qui doivent donner vie aux concepts descriptifs qui viennent d'être présentés.

Le sommaire détaillé de la présente *Grammaire fonctionnelle* doit servir de point de départ constant à son utilisation rationnelle. Ouvrage de consultation et de mise en ordre des connaissances, elle n'est qu'une propédeutique à la maîtrise personnalisée du langage saisi dans ses principes, mais aussi dans sa vie et son mouvement.

COMPLÉMENTS BIBLIOGRAPHIQUES

Destiné au premier cycle universitaire, le présent ouvrage doit s'en tenir à une vision générale complète mais non spécialisée. Il devra nécessairement être complété progressivement dans les multiples directions qu'il implique sans les explorer : histoire de la langue, morphologie, syntaxe générale, etc.

On peut cependant dès à présent l'enrichir d'éclairages divers, tous adaptés au même niveau d'études.

Dans chacune des rubriques suivantes, l'étudiant choisira l'un des ouvrages indiqués.

• Pour un simple rappel des faits de la langue, inventoriés et classés : bien qu'il n'existe guère de grammaires qui ne soient marquées par une théorie organisatrice, il est commode de pouvoir consulter un simple répertoire des faits, surtout regardés du point de vue morphologique ; tel est le cas de :

Larousse de poche, partie "Grammaire".

HUCHON M., *Encyclopédie de l'orthographe et de la conjugaison*, Les Usuels de Poche.

• Pour la mise en situation dans l'ensemble du savoir grammatical :

BONNARD H., *Code du français courant*, Paris, Magnard, 1981.

BAYLON C. et FABRE P., *Grammaire systématique de la langue française*, Paris, Nathan, 1978.

GARDES-TAMINE J., *La Grammaire*, t. 1 *Phonologie, morphologie, lexicologie* ; t. 2 *La Syntaxe*, Paris, A.Colin.

• Pour la mise en situation dans l'ensemble du savoir linguistique :

DELOFFRE F. et HELLEGOUARC'H J., *Eléments de linguistique française*, Paris, SEDES, 1983.

• Pour un approfondissement de la syntaxe et des fonctions :

BECHADE H.-D., *Syntaxe du français moderne et contemporain*, Paris, PUF, 1986.

DELOFFRE F., *La Phrase française*, Paris, SEDES, 1986.

INDEX TERMINORUM

Dans la même collection

1. Vincent Milliot, *Pouvoirs et Société dans la France d'Ancien Régime*
2. Brigitte Chevalier, *Lecture et prise de notes*
3. Jean-Louis Leutrat, *Le Cinéma en perspective : une histoire*
4. Josette Hérou, *Précis de littérature anglaise*
5. Gabriel Bauret, *Approches de la photographie*
6. Pierre Guillaume, *Initiation à l'histoire sociale contemporaine*
7. Jacques Gaillard, *Approche de la littérature latine*
8. Sylvie Guillaume, *Histoire politique comparée : Grande-Bretagne, R.F.A., France, 1945-1991*
9. Francis Claudon et Karen Haddad-Wotling, *Précis de littérature comparée*
10. Alain Vaillant, *La Poésie*
11. Anne Dulphy, *Histoire de l'Espagne de 1814 à nos jours*
12. Bernard Valette, *Le Roman*
13. Magali Rouquier, *Vocabulaire d'ancien français*
14. Laurent Fourcaut, *Le Commentaire composé*
15. Michel Ballard, *Le Commentaire de traduction anglaise*
16. Madeleine et Arcadio Pardo, *Précis de métrique espagnole*
17. Francis Vanoye et Anne Goliot-Lété, *Précis d'analyse filmique*
18. François de Singly, *L'Enquête et ses méthodes : le questionnaire*
19. Alain Blanchet et Anne Gotman, *L'Enquête et ses méthodes : l'entretien*
20. Brigitte Chevalier, *Préparer un examen*
21. François Schanen, *Modules de grammaire allemande : 1. Morphosyntaxe*
22. Marie-Adeline Schmelck, *Introduction à l'approche des toxicomanies*
23. Jacques Popin, *Précis de grammaire fonctionnelle du français - 1. Morphosyntaxe*
24. Jacques Popin, *Précis de grammaire fonctionnelle du français - 2. Exercices et compléments*

25. Michèle Aquien, *La Versification appliquée aux textes*

26. Benoît Garnot, *La Justice en France de l'an mil à 1914*

27. Thierry Gascheau et Denis Riols, *Le Stage en entreprise*

ATELIER DOUBLE B
c o m p o g r a v u r e
45120 Chalette-sur-Loing

N° de projet : 10014963 - (1) - 4 - (OSB - 80) - D.B. — Mars 1993
Imprimé en France par Pollina, 85400 Luçon - n° 16088